JN145892

演歌の明治ン

大正テキヤ

フレーズ名人・添田啞蟬坊作品と社会

社会評論社編集部◉編

添田啞蟬坊《SOEDA AZENBO》◉詞

寄稿◉
中村 敦　白鳥博康　吉﨑雅規
厚 香苗　和田 崇

それらの放浪演芸者が何故現今のように衰えて了ったのだろうか。それは現代人の『心』の変遷によると言えばそれまでだが、殊に都市にあっては、交通機関の繁雑から、街路の意義が変化して了ったからだろうと思われる。

権田保之助『大道芸人』1923年（『近代民衆の記録4　流民』林英夫編
新人物往来社、1971年所収）より

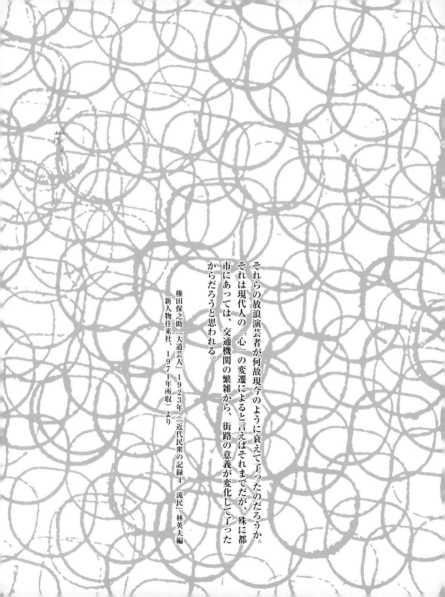

口上

「金々節」という歌があります。一九二五年頃の歌といいます。もちろんおカネのことを唄っています。値段は出て来ませんが、社会にひしめく金の恨《うら》み辛《つら》みがこれでもかと続きます。

歌詞の大半は金という字で埋め尽くされています。このページをめくって見て下さい。作詞者はよほど金という字を書くのが上達しただろうと思われます。ボクは下手のままで結構です。

作詞者の名は添田唖蟬坊《そえだあぜんぼう》といいます。本名ではありません。仕事で使った名前なのだそうです。お察しの通り、この本の主役です。この本はいわば唖蟬坊氏の歌詞で埋め尽くされています。その多くはインターネットに歌唱動画があるので聞けます。ボクは小沢昭一さんの唄う「金々節」が特に好きです。なぜなら、恨み辛みをとっても明るく唄うからです。

ただし、歌詞には昔の固有名詞や言い回しがたくさん出て来ます。日本語ですから外国語の歌詞よりは読めますが、意味をつかむのは大変です。目で追ってゆくと、だんだん金の多さが気にならなくなるのです。金よりむしろ分からないことの多さを、九十年前の歌詞からボクらは知ります。この心構えで他の詞も読んでみて下さい。まずは分からないことを知りましょう。

金々節

金だ金々　金々金だ
金だ金々　此世は金だ
金だ金だよ　誰がなんと言ほと
金だ金々　黄金万能
金だ力だ力だ金だ
金だ金々その金ほしや
ほしやほしやの顔色眼色
見やれ血眼くまたか眼

一も二も金三も四も金だ
金だ金々　金金金だ

金だ明けても暮れても金だ
夜の夜中の夢にも金だ
泣くも金なら笑ふも金だ
愚者《ばか》が賢く見えるも金だ
酒も金なら女も金だ
神も仏も坊主も金だ

坊主可愛や生臭坊主
坊主頭にまた毛が生える
生える又剃る又すぐ生える
禿げて光るのが台湾坊主
坊主抱いてみりゃめっちゃ〱に可愛
尻が頭か　頭が尻か　尻か頭か見当がつかぬ
金だ金々　医者っぽも金だ

学者、議員も、政治も金だ
金だチップだ賞与も金だ
金だコンミッションも賄賂も金だ
夫婦親子の仲割く金だ
金だ金だと汽笛が鳴れば
金も鳴る鳴るガンガン響く
金だ金だよ時間が金だ
朝の五時から弁当箱さげて

寝ぼけ眼で金だよ金だ
金だ工場だ　会社だ金だ
女工男工職業婦人
金だ金だと電車も走る
自動車自転車人力《じんりき》車馬力

靴に草鞋に袴にハッピ
洋服《ふく》は新式サラリーマンの
青い顔やら気のない顔よ

神経衰弱　栄養不良
だらけた顔して金だよ金だ
金だ金だよ身売の金だ
駕で行くのはお軽でござる
帰る親爺は山崎街道
与市平の命と定九郎の命
勘平の命よ三つの命
命にからまる財布の紐よ

小春治兵衛よ梅川忠兵衛

沖の暗いのに白帆が見える
あれは紀の国みかんも金よ
度胸ドエライ文左衛門だ
江戸の大火で暴利を占めた
元祖買占暴利の本家
雪の吉原大門うって
まいた小判も金だよ金だ

お宮貫一金色夜叉も
安田善次郎も鈴弁も金だ
金だ教育　学校も金だ
大学中学小学女学　語学哲学文学倫理
理学経済愛国の歴史　地理に音楽幾何学代数
簿記に修身お伽に神話

コチコチに固くなった頭へ詰める
金だ金だと無暗に詰める
金だ金々　金々金だ
さうだ金だよあらゆるものが
動く働く舞ふ飛ぶ走る
ベルがペン先がソロバン玉が
足が頭が目が手が口が
人が機械か
機械が人か

盲滅法輪転機が廻る
金だ金だとなって廻る
時事に朝日に萬朝二六　都読売夕刊報知

捨児カケオチ詐偽人殺し
自殺　情死《しんじゅう》　気ちがひ　火つけ
泥棒　二本棒　ケチンボ　乱暴
貧乏ベラボー辛抱は金だ

金だ本《もと》から末まで金だ
みんな金だよ一切金だ
金だ金だよ此世は金だ

金、金、金、金、
金、金、金だ

演歌の明治ン大正テキヤ　目次

啞蟬坊演歌

寄稿

編集部より読者の皆様へ

・本書に収めた添田啞蟬坊、知道作品の底本は次のものです。
添田啞蟬坊・知道著作集Ⅰ『啞蟬坊流生記』Ⅳ『演歌の明治大正史』刀水書房、1982年
添田啞蟬坊『啞蟬坊新流行歌集』臥龍窟、1916年
添田啞蟬坊編『最新流行唄』由盛閣書店、1922年
・ふりがな、仮名遣い、おどり字、促音は各底本を採用したため作品によって文字遣いが異なります。難読の箇所が出ることと存じますが、原典を尊重する目的から、何卒ご容赦いただきたく存じます。
・「ストトン節」のみ前半は『月刊歌謡曲史研究』臨時増刊「追悼号　添田知道　演歌の世界」掲載分、後半を『演歌の明治大正史』掲載分から採用しました。
・編集部の判断で詞の改行、一部を小さくするなどのレイアウトを行いました。
・歌詞および資料の本文中には今日の観点から不適切とみなされる表現が含まれています。しかしながら明治大正期の表現に接することで、当時の時代背景や底本の歴史的価値の議論を深め、今日的な他者理解につながる材料を読者に提供できるものと考え、底本のままにしました。

唖蝉坊演歌①

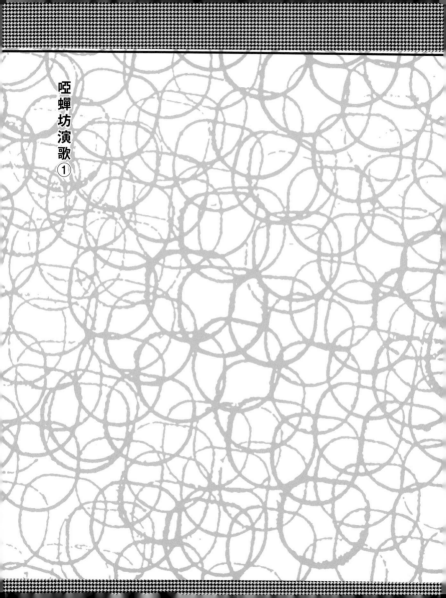

寄稿①

明治生まれのストリート・シンガー二代

中村敦

◆ストリート・シンガー　唖蟬坊登場

昨今、街頭で自作の歌を熱唱する若きストリート・シンガーをしばしば見かける。明治・大正の昔にもこのようなストリート・シンガーは街中に大勢いた。彼らは演歌屋（演歌師）などと呼ばれた。

演歌といっても現在の演歌とは全く異なる。

明治前期に起こった自由民権運動において、政府の弾圧を逃れるため、壮士（活動家）が演説を歌に装って自分たちの主張を人々に伝えた、演説歌がその起源であるという。

そのため壮士節と呼ばれた初期の演歌は、歌詞のみが重視され、旋律はどれもが似通った単調なものであった。またその内容は、おしなべて政治色、啓蒙色の強い無骨なもので、これをだみ声でがなるように歌うのが特色であった。

彼ら演歌師たちは、芸を売るのではなく主義や思想を広めているのだという誇りがあったため、門付けや投げ銭を拒んだ。版元から仕入れた歌本を聴衆に売ることを生業としていた。この演歌界に新風を起こし、絶大な人気を誇ったのが添田啞蟬坊である。

啞蟬坊（本名・平吉）は一八七二（明治五）年、神奈川県大磯の代々農業を営む旧家に生まれた。幼少年期についてはほとんど知られていないが、「国史略」や「日本外史」などを諳んじる秀才であったという。ただし一三歳の頃、ほんの火遊びから山火事を起こしかけてしまう。そのため地元に居づらくなり、東京・深川の叔父のもとに預けられることとなった。

啞蟬坊の数奇な人生がここから始まる。船の機関士だった叔父の影響で見習い水夫となったが、先輩の機関士に、海上生活に不向きだと諭され下船、横須賀にたどりついた。ここで土木作業に従事していた一八歳の頃、繁華街で聴いた壮士節に感銘し、すぐさまこの世界へ飛び込んでいった。

『唖蝉坊流生記』
（神奈川近代文学館蔵）

横須賀で演歌師として活動を始めた啞蟬坊は、歌のうまさでたちまち頭角をあらわし、ほどなく上京する。この頃から作歌にも取り組み始め、人気を得ていく。

啞蟬坊は、生涯で約一八〇曲を発表し、

大正９年の唖蝉坊（神奈川近代文学館蔵）

無伴奏でこれを歌ったという。美声であったという。しかし、初期の作品はおおむね従来の壮士節を踏襲したスタイルで、オリジナリティーはあまり見られない。日清、日露戦争の時期には無批判に好戦的な歌も多数作っている。

啞蟬坊の演歌に変化が現れたのは「ラッパ節」からである。

女性の演歌師仲間から「もっとくだけたものを」と助言されてこの歌を書いたところ、従来の演歌にはないわかりやすさ、滑稽さが支持されて、日露戦争後に大流行した。

そしてここに豊かなエンターテインメント性と鋭い批評性を併せ持った啞蟬坊独自の作品世界が確立されたのである。

「ラッパ節」に手ごたえを得た啞蟬坊は、その後次々とヒット曲を放ち不動の人気を獲得する。「あゝ金の世」「あゝわからない」「あきらめ節」「むらさき節」「ノンキ節」などいずれもが痛烈な政治批判や社会風刺を込めながらも、諧謔や抒情に富む親しみやすい作風で当時の庶民の心を捉え、今なおその魅力を失っていない。

啞蟬坊の活躍に影響され、明治末期以降、神長瞭月、後藤紫雲、鳥取春陽、高木青葉、石田一松らすぐれた門下が現れた。彼らによって「ハイカラ節」「スカラーソング」「流浪の旅」「籠の鳥」「ヴェニスの舟唄」「酋長の娘」など多くの名曲が生まれ、大正期に演歌は全盛を迎える。中でも瞭月はそれまで無伴奏だった演歌にバイオリンを用いてその音楽性を豊かにした。これが他の演歌師たちにも広まり、バイオリンによる伴奏は、大正期の演歌を象徴する音色になった。

また唖蟬坊は作歌、実演に優れていたばかりでなく、演歌界のリーダーとしても大きな業績を遺した。

一九一八（大正七）年、演歌師の組合・青年親交会が結成された。会長の職に就いた唖蟬坊は、内容の良質な歌本の出版に最も力を注いだ。併せて機関誌「演歌」（後「民衆娯楽」に改題）も発行し、情報の交換や新作の発表の場を設けた。さらに警視庁に強く働きかけ、演歌の実演を読売業として公認させたのである。

しかし、大正の終わりとともに唖蟬坊は演歌界から身を引いてしまう。その後桐生、岐阜、豊科など各地に仮寓しながら、精神世界への関心を深めていく。その後四国へ遍路に発つなど晩年まで放浪生活を続けた。その挙句無一文となって、一九四四（昭和一九）年に長男・知道宅で没した。謎の多い奔放な七二年の生涯であった。

◆もう一人の主役　知道が伝えた「演歌」文化

その知道もまた演歌師である。

知道は一九〇二（明治三五）年、東京・本所で生まれた。八歳で母と死別した知道は、当時最下層の人々が暮らした下谷山伏町の長屋で幼少年時代を過ごした。

演歌師としての知道は父譲りの素質と気骨で数々の秀作を世に送ったが、はじめから父の仕事を継ぐことを望んでいた訳ではなかった。知道は貧困のため十分な学校教育を受けられなかったものの独学に励み、密かに作家を志していた。

添田知道（神奈川近代文学館蔵）

しかし、父と親交のある社会主義者・堺利彦が営む売文社で雑用係を務めていた一六歳の時、父に促されて書いたデビュー作「東京節」が空前の大ヒットとなったため、そのまま演歌界へ身を投じ、歌を書き始めたのである。

知道自筆譜面（神奈川近代文学館蔵）

聴衆の心に響く演歌を作るためには、実演の経験も必要と感じた知道は、バイオリンを独習し、街頭にも立った。自身が演歌師になったことで、改めて父の卓抜した才能を知ることにもなった。こうして知道は、大正半ばから昭和初頭までに「ストトン節」「復興節」など約一二〇曲を発表し、人気を博した。

しかし昭和に入るとレコードの普及やラジオ放送の開始によって、演歌は急速に衰退する。そのため知道は著述業に転じ、亡くなる一九八〇（昭和五五）年まで幅広い文筆活動を続けた。特に戦後は、啞蟬坊作品をはじめ明治・大正演歌についての著述に執筆活動の軸足を置いた。

さらには春歌（猥歌）、あるいは演歌師と密接な関わりを持つ香具師などへの考察も数多

県立神奈川近代文学館企画展・コレクション展12「添田啞蟬坊・知道展」の様子。期間中は記念イベント「なぎら健壱　トーク＆ライブ〜明治・大正演歌の魅力」、「土取利行・語りと弾き唱い〜啞蟬坊・知道演歌の底流にあるもの」が同館で催された。
（写真提供・神奈川近代文学館）

く著した。歴史の陰に埋もれてしまうはずだった明治・大正演歌およびその周辺文化の伝道師として、知道の果たした役割はきわめて大きい。

＊

知道のこの働きがあったからこそ、現在、啞蟬坊、知道作品をはじめとする多くの優れた明治・大正演歌が現代に伝えられた。そしてこれに魅せられた小沢昭一、高田渡、なぎら健壱、桃山晴衣と土取利行、さらには次世代のソウル・フラワー・ユニオン、岡大介、上方書生節協會ら多数のアーティストがそれぞれのスタイルで啞蟬坊・知道演歌の魂を歌い継いでいるのである。

なお知道の死後、馬込の自宅に遺されていた蔵書や関連資料約二四、〇〇〇点は、一九八五（昭和六〇）年に私ども神奈川近代文学館に寄贈された。妻に先立たれた知道には直系の遺族もいなかったため、これら資料群の散逸を案じた周囲の人々のはからいによる。

当館ではこれを「添田唖蟬坊・知道文庫」として保存し、閲覧にも応じている。この文庫のうち唖蟬坊や知道の自筆資料などとともに、特に注目すべきコレクションは、演歌師たちが実際に売り歩いた歌本の数々である。

その中には唖蟬坊と知道が編集、発行を手がけた青年親交会刊行の原本二三部も含まれる。かつて下谷宅に多数揃っていたという歌本は関東大震災で焼失してしまったので、すべて知道が後年に蒐集したものである。

いずれも粗末なざら紙に歌詞が印刷され、長期の保存に適さないのは言うまでもない。ひと時の流行が去れば大半の聴衆にとっては無用の紙片でもある。知道のように意識的な保管がなされない限りは、もはや現存しないかもしれない貴重な資料である。

二〇一三（平成二五）年、当館では「明治・大正のストリート・シンガー　添田唖蟬坊・知道展」を開催し、これらの歌本ほか主要なコレクション約二〇〇点を厳選して展示した。添田父子の生涯と業績を辿る、初の本格的展覧会でもあったため、広く関心を集めることができた。今後も神奈川近代文学館では、この文庫コレクションの保存に努め、唖蟬坊・知道作品を中心とする明治・大正演歌、その周辺文化の真価を後世に伝える使命を担い続けていくのである。

（なかむら・あつし　神奈川近代文学館展示課主査）

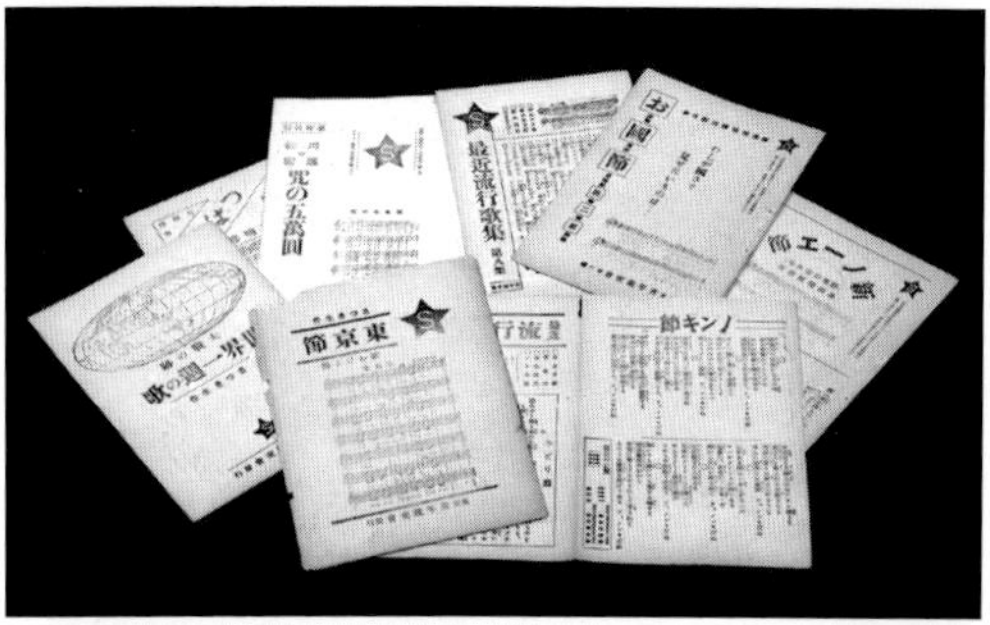

青年親交会の演歌師が売っていた歌本。誌面に「S」を白抜きした★印がデザインされているのは、親交会の"正規本"であることをねらったものと思われる。（神奈川近代文学館蔵）

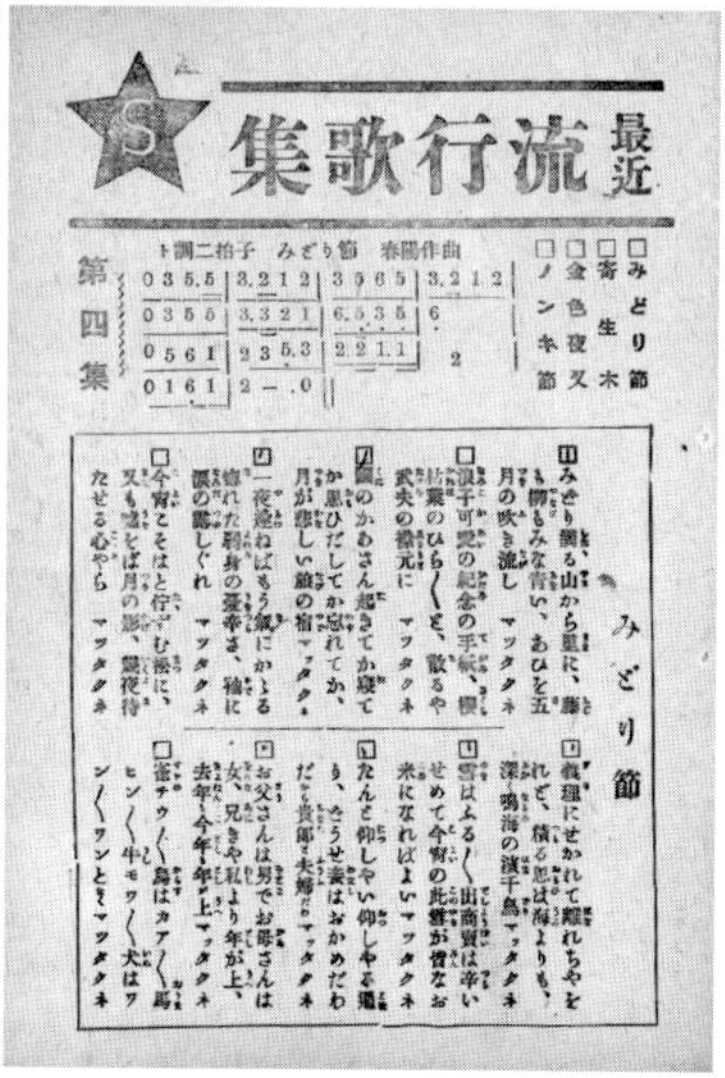

最近流行歌集

□みどり節 □寄生木 □金色夜叉 □ノンキ節

第四集

ト調二拍子 みどり節 春陽作曲

みどり節

□みどり映る山から里に、藤も柳もみな青い、あひを五月の吹き流し マッタクネ

□浪子可愛の紀念の手紙、桜枯葉のひら／＼と、散るや武夫の襟元に マッタクネ

□国のかあさん起きてか寝てか思ひだしてか忘れてか、月が悲しい旅の宿 マッタクネ

□一夜逢ねばもう気にかゝる惚れた弱身の愛辛さ、袖に涙の露しぐれ マッタクネ

□今宵こそはと佇む袂に、又も嘘とば月の影、待夜待たせる心やら マッタクネ

□義理にせかれて離れちやをれど、積る思は海よりも、深く鳴海の浜千鳥 マッタクネ

□雪はふる／＼出商買は辛い せめて今宵の此雪が皆なお米になればよい マッタクネ

□たんと仰しやい仰しやる通り、さうせ妻はおかめだわ だから貴郎と夫婦だの マッタクネ

□お父さんは男でお母さんは女、兄きや私より年が上、去年も今年も年が上 マッタクネ

□雀チウ／＼烏はカア／＼馬ヒン／＼牛モウ／＼犬はワン／＼ワンとさ マッタクネ

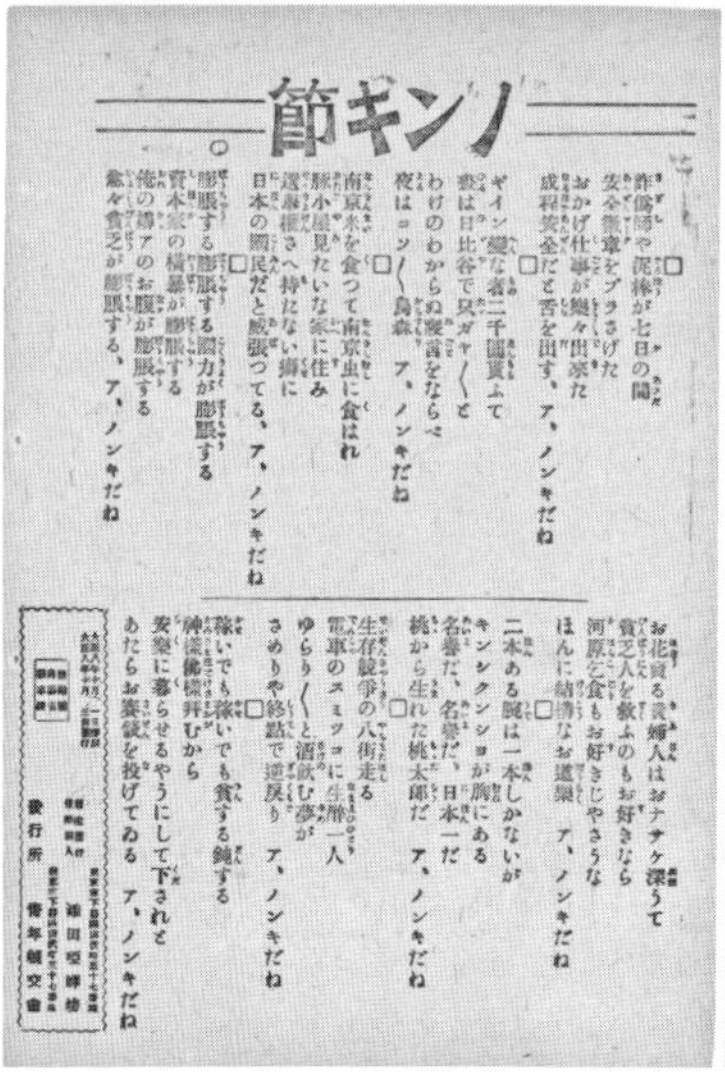

ノンキ節

□詐偽師や泥棒が七日の間 安全徽章をブラさげた おかげ仕事が続々出来た 成程安全だと舌を出す、ア、ノンキだね

□ザイン変な者三千円貰ふて 妾は日比谷で只ガヤ／＼と わけのわからぬ寝言をならべ 夜はコソ／＼烏森 ア、ノンキだね

□南京米を食つて南京虫に食はれ 豚小屋見たいな家に住み 選挙権さへ持たない癖に 日本の国民だと威張つてる、ア、ノンキだね

□膨脹する膨脹する国力が膨脹する 資本家の横暴が膨脹する 俺のカカアのお腹が膨脹する 愈々貧乏が膨脹する、ア、ノンキだね

□お花売る貴婦人はおナサケ深うて 貧乏人を救ふのもお好きなら 河原乞食もお好きじやさうな ほんに結構なお道楽 ア、ノンキだね

□二本ある腕は一本しかないが キンシクンショが胸にある 名誉だ、名誉だ、日本一だ 桃から生れた桃太郎だ ア、ノンキだね

□生存競争の八街走る 電車のスミッコに生弾一人 ゆらり／＼と酒飲む夢が さめりや終点で逆戻り ア、ノンキだね

□稼いでも稼いでも貧する鈍する 神様仏様拝むから 安楽に暮らせるやうにして下されと あたらお賽銭を投げてゐる ア、ノンキだね

発行兼印刷人 添田啞蟬坊

発行所 青年親交会

（右）大正８年（1919）発行「最近流行歌集　第四集」誌面。収録タイトル「みどり節」「奇生木」「金色夜叉」「ノンキ節」が列記。（左）「ノンキ節」歌詞。味のあるタイトルデザイン。歌詞にはルビがふられている。（神奈川近代文学館蔵）

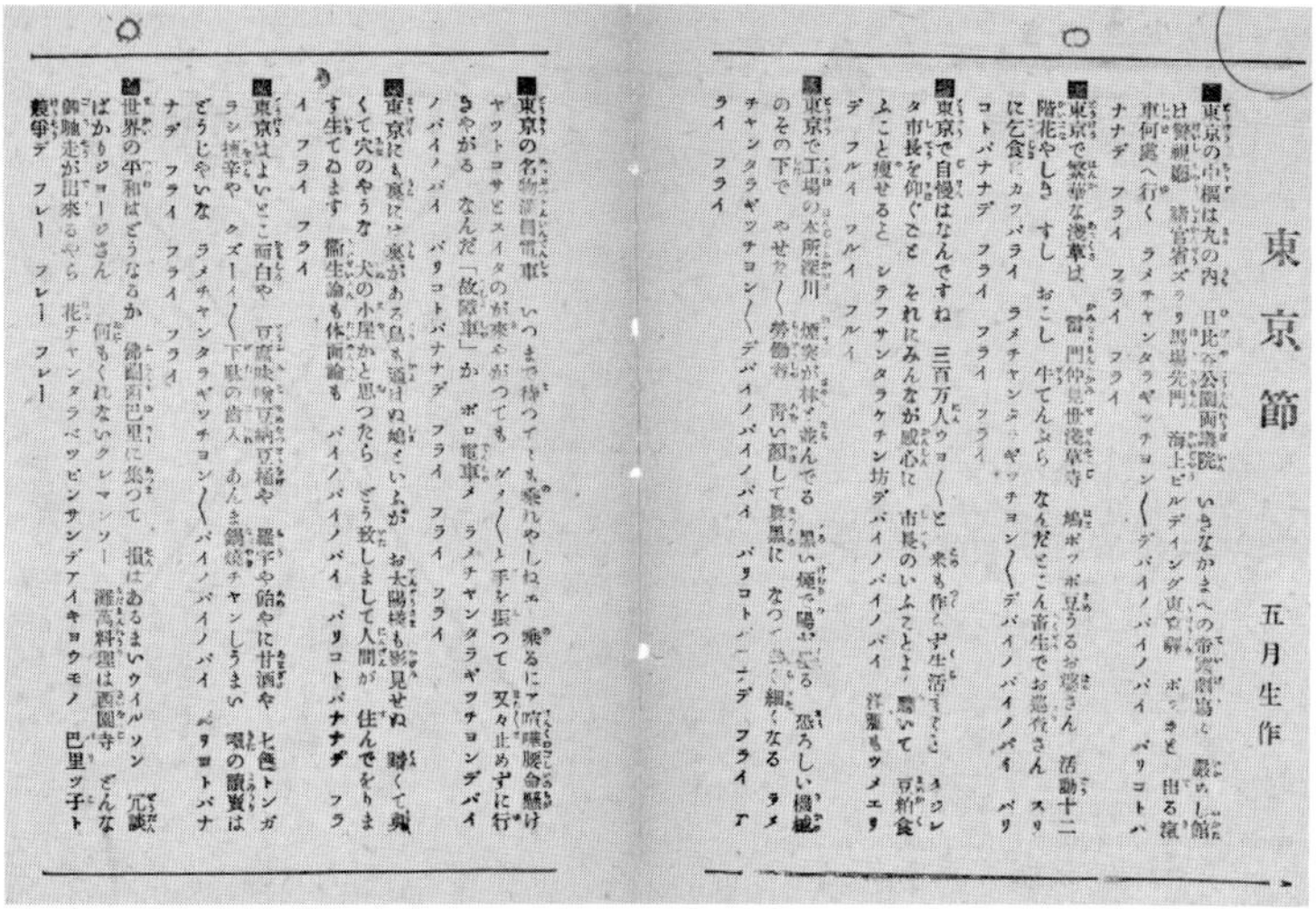

東京節　五月生作

■東京の中樞は丸の内 日比谷公園両議院 いきなかまへの帝劇場と 厳めし館 警視廳 諸官省ズラリ馬場先門 海上ビルディング東京驛 ポッポと出る汽車何處へ行く ラメチャンタラギッチョン〳〵デパイノパイノパイ パリコトパナナデ フライ フライ フライ

■東京で繁華な淺草は 雷門仲見世淺草寺 鳩ポッポ豆うるお婆さん 活動十二階花やしき すし おこし 牛てんぷら なんだとこん畜生でお巡りさん スリに乞食にカッパライ ラメチャンタラギッチョン〳〵デパイノパイノパイ パリコトパナナデ フライ フライ フライ

■東京で自慢はなんですね 三百万人ウヨ〳〵と 米も作らず生活てる タシレタ市長を仰ぐこと それにみんなが感心に 市長のいふことよく聽いて 豆粕食ふこと痩せると シラフサンタラケチン坊デパイノパイノパイ 洋服もツメエリデ フルイ フルイ フルイ

■東京で工場の本所深川 煙突が林と並んでる 黒い煙で陽が[illegible]る 恐ろしい機械のその下で やせや〳〵勞働者 青い顔して眞黒に なつて[illegible]細くなる ラメチャンタラギッチョン〳〵デパイノパイノパイ パリコトパナナデ フライ フライ フライ

■東京の名物郊外電車 いつまで待つても乗れやしねエ 乗るにア咽喉腰命懸け ヤットコサとスイタのが來かつても ヂョ〳〵と手を振つて 又々止めずに行きやがる なんだ「故障車」か ボロ電車メ ラメチャンタラギッチョンチョンデパイノパイノパイ パリコトパナナデ フライ フライ フライ

■東京にも裏には裏がある 鳥も通はぬ嶋といふが お天陽様も影見せぬ 暗くて狭くて穴のやうな 犬の小屋かと思つたら どう致しまして人間が 住んでをります生てゐます 衛生論も体面論も パイノパイノパイ パリコトパナナデ フライ フライ フライ

■東京はよいとこ面白や 豆腐味噌豆納豆福や 羅宇や飴やに甘酒や 七色トンガラシ椒辛や クズーイ〳〵下駄の歯入 あんま鍋焼チャンしうまい 唄の讀賣はどうじやいな ラメチャンタラギッチョン〳〵パイノパイノパイ パリコトパナナデ フライ フライ フライ

■世界の平和はどうなるか 佛蘭西巴里に集つて 損はあるまいウイルソン 冗談ばかりジョージさん 何もくれないクレマンソー 羅馬料理は西園寺 どんな御馳走が出來るやら 花チャンタラベッピンサンデアイキョウモノ 巴里ッ子ト競争デ フレー フレー フレー

同じく青年親交会発行の歌本「東京節」。知道作（誌面は「さつき」「五月」）。歌詞「ラメチャンタラギッチョンチョンデパイノパイノパイパリコトパナナデ フライフライフライ」は特にユニーク。原曲はアメリカ南北戦争で歌われた「ジョージアマーチ」。

（神奈川近代文学館蔵）

社会党ラッパ節

華族の妾のかんざしに　ピカピカ光るは何ですえ
　ダイヤモンドか違ひます　可愛い百姓の膏汗《あぶらあせ》　トコトットット

当世紳士のさかづきに　ピカピカ光るは何ですえ
　シャーンペーンか違ひます可愛い工女の血の涙　トコトットット

大臣大将の胸元に　ピカピカ光るは何ですえ
　金鵄勲章か違ひます　可愛い兵士のしゃれこうべ　トコトットット

浮世がまゝになるならば　車夫や馬丁や百姓に
　洋服着せて馬車に乗せ　当世紳士に曳かせたい　トコトットット

待合茶屋に夜明しで　お酒がのめる税の事
　人が泣かうが困らうが　委細かまはず取立てる　トコトットット

お天道《てんと》さんは目がないか　たまにゃ小作もしてごらん
なんぼ地道《じみち》に稼いでも　ピーピードンドン風車　トコトットット
名誉々々とおだてあげ　大切な伜をむざむざと　砲《つつ》の餌食《えじき》に誰がした
もとの伜にして返せ　トコトットット
子供のオモチャじゃあるまいし　金鵄勲章や金米糖
胸につるして得意顔　およし男が下ります　トコトットット
あはれ車掌や運転手　十五時間の労働に　車のきしるそのたんび
我と我身をそいでゆく　トコトットット

喇叭節（ラッパ節）

倒れし戦友抱き起し耳に口あて名を呼べば
　ニッコリ笑ふて目に涙　萬歳《ばんざい》唱ふも胸の内　トコトット、、
ものに動ぜぬ保昌《やすまさ》が　節《ふし》も妙《たえ》なる笛の音に
　靡《なび》くすゝきのひらめきや　斬りつけかねたる袴だれ
今鳴る時計は八時半　それに遅れりや重営倉《じゅうえいそう》
　今度の日曜ないじやなし　放せ軍刀に錆《さび》がつく
私《わた》しやよつぽどあはてもの　蟇口《がまぐち》拾つて喜んで
　につこと笑ふてよく見たら　馬車にひかれたひきがへる
どん張《ちょう》役者に熱くなり　親が涙で意見すりや
　仮色《こわいろ》まじりの口ごたへ　あきれかへつたドラ娘
主君の恨みを晴らさんと　吉良《きら》家へ打ち入る赤穂義士《あこうぎし》
　山と川との合言葉　山鹿《やまが》一流陣太鼓《じんだいこ》　トコトット、、
一天万乗の大君《おおぎみ》は　遠き島地へ落ち給ふ
　聞いて無念と高徳《たかのり》が　赤き心を墨でかく

店じや居眠りそとへ出りや　くすねたお銭《あし》で買ひ食ひし
　それでおまけに寝小便　叱れば泣き出す馬鹿小僧
よしておくれよおさんどん　勝手のすみつこへしやがみこみ
　何をするかと見て居たら　わに口ばく〳〵摘み食ひ
元是尾張《もとこれおわり》の一土民　叩きや音の出る智恵袋
　関白太閤秀吉《かんぱくたいこうひでよし》と　響く朝鮮支那《しな》の果《はて》　トコトツト、、
たぐひ稀なる英雄も　たてた反旗の色褪《あ》せて
　剣折れ弾尽き馬斃《たお》れ　消ゆる城山松の露　トコトツトツト
赤き心も有村《ありむら》や　水戸の浪士が十七人　井伊大老《いいたいろう》を刺し殺す
　花の桜田御門外《さくらだごもんそと》　トコトットット
吹雪乱れて物凄く　波は逆捲《さかま》く真夜中を　驀然《ばくぜん》進みし駆逐艦《くちくかん》
　海に焔《ほのお》の花が咲く　トコトットット
やがて屍《かばね》の上に照る　月を仰いて戈枕《ほこまくら》　忽《たちま》ち聞《きこ》ゆる砲《つつ》の音
　敵の夜襲か小賢《こざか》しや　トコトツト、、
国から学費が来る度に　勉強の心はうわの空
『男児立志出郷関《だんじこころざしをたててきょうかんをいず》　学若不成死不還《がくもしならずんばしすともかえらず》』
など丶ドラ声張りあげて　吉原通ひもヲツなもの

露営の夢のふと覚めて　見上ぐる空に月一つ
　物を思へ言い顔に　渡る雲間の孤雁《ひとりかり》　トコトツト、、
月も朧《おぼろ》の公園に　散歩がてらの華美《はで》姿
　多い人目を桜かげ　はなれ〳〵の二人連れ　トコトツト、、
ほんにうるさい人通り　つなぐ其の手を二度三度
　はなす話も後や先　離れ勝《がち》なる二人連れ　トコトツト、、
銀波金波《ぎんばきんば》の砕けては　玉と飛び散る海の面《おも》
　見るも涼しい舟遊び　馴馴松《そなれ》から夏の月　トコトツト、、
倒れた徳利を引起し　アレマア酷いと袂《たもと》から
　出すハンカチも紅の色　赤い心でふく畳　トコトツト、、
花街《さと》にゆかりを紫の　鉢巻《はちまき》〆《し》めて助六の　一枚裾《すそ》に二重《ふたえ》帯
　一つ印籠伊達《いんろうだて》すがた　トコトットット
武士と武士との意地づくに　喧嘩《けんか》花咲く仲の町《ちょう》
　抜いた刀は稲妻の　下をくゞつた濡れ燕《つばめ》　トコトツト、、
あはれ車掌や運転手　十五時間の労働に
　車のきしる其のたんび　我と我が身をそいで行く
つらい勤《つとめ》も金ゆえの　車掌や旗ふり運転手
　月給はいつも居すわりで　高くなるのは株ばかり

轢《ひ》けばひいたで罪を着る　止めれば止めたで遅くなる
　どちら向いても攻撃の　中に車掌は板ばさみ
華族の妾《めかけ》のかんざしに　ピカ〱光るは何ですえ
　ダイヤモンドか違ひます　可愛い百姓の膏汗《あぶら》
当世紳士のさかづきに　ピカ〱光るは何ですえ
　シャンペーンか違ひます　可愛い工女の血の涙
浮世が儘《まま》になるならば　車夫《しゃふ》や馬丁《ばてい》や百姓に
　洋服着せて馬車に乗せ　当世紳士に引かせたい
待合茶屋《まちあい》に夜あかしで　お酒がきめる税の事
　人が泣かうが困らうが　委細かまはず取りたてる

四季の歌（春は嬉しや）

春は嬉しや二人揃ふて花見の酒　庭の桜に朧月《おぼろづき》
　それを邪魔する雨と風　チヨイト　咲かして又散らす
夏は嬉しや二人揃ふて両国橋　あがる花火の面白く
　浮いたかもめの都鳥　チヨイト　眺めて夕納涼《ゆうすずみ》
秋の夕《ゆうべ》に文《ふみ》をひもとく孤燈《ことう》の下《もと》　読むは桜井生別《いきわか》れ
　孤忠《こちゅう》感じて泣く顔を　チヨイト　うかゞふ月の影
冬は嬉しや二人ころんで雪見の酒　苦労知らずの銀世界
　話もつもれば雪も積む　チヨイト　とけます炬燵中《こたつなか》
春は嬉しや二人手を取る野外の散歩　飛んでしほらし蝶つがひ
　空も晴るれば気も晴れる　チヨイト　たんぽゝ花すみれ
夏は嬉しや心有馬《こころありま》の湯治場遊び　浴衣一つの結び帯
　団扇《うちわ》片手に痴話苦説《ちわくぜつ》　チヨイト　手枕ひじ枕
秋は嬉しや二人忍んで話の床　呼ぶか折戸《おりど》に松の虫
　露に濡れたる萩《はぎ》の花　チヨイト　恥かし月の影

冬の朝《あした》に早く来いよの汽笛に呼ばれ　いやな工場《こうば》に向島
　辿る堤の風寒く　チヨイト　恨めしかねヶ渕
朝《あさ》の別れに帰る帰さぬ帰さぬ帰る　帰る帰さぬ帰さぬと
　争ふはづみにバツタリと　ツイ落した　チヨイト　空《から》財布
間夫《まぶ》があるなら間夫に添はしてまだ其の上に　金も衣裳も皆やると
　云様《いうよう》なさつぱりした御客様が　チヨイト　何処《どこ》かにないかいな
筆を手に取りしめしまゐらせ候《そうろう》かしく　客へ無心の長手紙
　間夫へつぎ込む其の金を　チヨイト　持つて来るお人好し
春の梅見に紳士手に取る素的な美人　風が悋気《りんき》でもすそ吹く
　東《あずま》コートの奥様が　チヨイト　あわてゝ左づま
朝の別れに送る梯子《はしご》の真中頃《まんなかごろ》で　背中叩いて耳に口
　それをノロマが真に受けて　チヨイト　伸ばした鼻の下
東京名所は西に不二ヶ根北にはつくば　上野浅草芝王子
　中に皇城の厳《いか》めしく　チヨイト　輝く二重橋
見るも可笑《おか》しや独り船こぐお三の居睡《いねむり》　矢鱈《やたら》ランプにお辞儀する
　頬ぺたの藪蚊に驚いて　チヨイト　しかめる獅子ッ鼻
坊主いろ〱味噌すり坊主や沢庵《たくあん》坊主　なまぐさ坊主や蛸《たこ》坊主
　台湾坊主に舐められりや　チヨイト　ハイカラもおびんずる

夏の都会を見やれ風さへ寝て居る真昼　笠も冠《かぶ》らぬ定齋《じょうさい》売り
足を引き摺る配達夫　チョイト　流るゝ油汗
夏の日盛り休む間のない人さへあるに　妾本妻《めかけほんさい》引き連れて
箱根、塩原、日光と　チョイト　浮かるゝ人がある
おいらは是まで正直一途に稼いで来たが　貧乏通し泣きどうし
それに隣の旦那《だんな》様は　いつも遊んでゝお金持ち
秋の夕《ゆうべ》に製紙工場を抜け出て見れば　雨か涙か草の露
親が招くか芒原《すすきばら》　月も曇りて雁《かり》の声
ねぼけ眼《まなこ》で朝の五時から弁当箱提《さ》げて　工場通ひのいぢらしさ
娘盛りを塵《ちり》の中　晩にや死んだように成ッて寝る
正直一途に一年三百六十五日　汗水流してあくせくと
稼ぎつゞけで貧乏するコンナ馬鹿気《げ》た事はない
これじやたまらん物価騰貴の今日此の頃に　朝の五時から夜の六時
十三時間も働らいて　タッタ三貫五百文
汗を絞られ油を絞られ血を吸い取られ　骨迄《まで》しやぶられて吐出《はき》され
まだ目が覚《さめ》ぬか労働者　人のよいにも程がある
死んでしまをか甘い言葉につい欺《あざむ》かれ　来て見りや現世《このよ》の生《いき》地獄
出たくも出られぬ鬼ヶ淵　どうせ生かしちや還《かえ》すまい

あれ見よあれ見よたらり〱と生血《なまち》が滴《た》るよ　廻《めぐ》る機械の歯車の
　間にはさまる労働者　死んでしまふまで絞られる
コンナ工場は早く地震でガラ〱つぶれ　寄宿舎なんぞが皆焼けて
　社長も意地わるの監督も　チョイト　ペストで死ねばよい
闇の浮世や月に二百両三百両で　飼はれる犬さへあるものを
　人の命は塵介《ちりあくた》　チョイト　飢死《うえじに》のたれじに
飢えて泣かうがのめろが空吹く風よ　人の苦痛は厭《いと》はぬと
　済《すま》し切つたる閻魔面《づら》　チョイト　紳士はエライもの
当世女に恋も情《なさけ》も何あるものか　添ふも切れるも金次第
　男子《おとこ》の翫弄物《おもちゃ》に成ることを　チョイト　覚悟の厚化粧
はへば立てまた立てば歩めと教えた親が　転べ〱と圧制《おしつけ》て
　左団扇に長煙管《ながきせる》　チョイト　得意のエビス顔
秋の夕に結びかけたる露営の夢　迷ふ故郷の山と川
　『人人を殺さしむるの権威ありや　人人を殺すべきの義務ありや』※
　響く喇叭《ラッパ》に目をさまし　見れば淋しい月の影

※中里介山の反戦詩「乱調激韵」の一部

ストトン節

作・添田さつき

ストトンストトンと通はせて　今更厭とは胴欲な
　厭なら厭だと最初から　言へばストトンで通はせぬ　ストトン〳〵
武雄がボートにうつる時　浪さん赤いハンカチを
　打ちふりながらネーあなた　これに未練はないかいな　ストトン〳〵
ストトン〳〵と働いて　一月稼いだ金持つて
　ちよいと一晩通つたら　キッス一つで消えちやつた　ストトン〳〵
今日は会社の勘定日　お金もしこたま貰ふたし
　芸者買ほうか女郎買ほか　嬶に相談してどやされた　ストトン〳〵
好いて好かれて相惚れで　一夜も添はずに死んだなら
　妾しや菜種の花となる　貴方蝶々で飛んでおいで　ストトン〳〵
ストトン〳〵と家を建て　朝から晩まで大工さん
　自分で建てたその家へ　敷金積まねば入られぬ　ストトン〳〵
スッポンポン〳〵と音がする　ちよいと覗いた者的屋で
　看板娘を射たうとて　積んだ煙草を狙つてる　ストトン〳〵

ストトン〳〵と逃げ出した　地震がこわいと逃げ出した
　逃げた家主さん戻つて来りや　店子いぢめるほどのよさ　ストトン〳〵

今日は会社の給料日　賞与もいっしょに貰ったし
　帯を買ほうか下駄買ほか　奥さん相談してほめられた　ストトン〳〵
ストトン〳〵とだまされて　白粉代を貢ぐ紳士さん
　細君が半襟ほしがれば　ぐいと睨んで空を向く　ストトン〳〵
ストトン〳〵と子を生ませ　これぢゃ子守か留守番か
　どこを道草食ってゐる　旦那待つ夜の長いこと　ストトン〳〵
楽しい日曜待ったのは　淡い夢です情けない
　女、子をもちゃおしまひね　友へ嘆きの長手紙　ストトン〳〵
ストトン〳〵と返事来た　あなたまだまだ初年兵
　あたしゃ世帯の苦労の中　殖える子の数皺の数　ストトン〳〵
ストトン〳〵と戸をたゝく　為替が来たかと出て見れば
　酒屋の小僧にだまされて　ツケを出されてはづかしや　ストトン〳〵

寄稿②

肖像の装いから

白鳥博康

ともに唖蟬坊肖像（神奈川近代文学館蔵）

明治三六年頃撮影された瀟洒な洋装の写真（上掲右）は、体にフィットした二重廻しに、流行の中折れ帽（中折れ帽が広まり始めたのは明治三〇年頃から）。手にしたステッキは、細身ながら少しカーブしたシャフトがワイルドである。

個性的でありつつ、良識ある紳士の装いといえるだろう。

大正九年頃の写真（同左）をみると、着物と羽織は素朴な雰囲気の紬（あるいは木綿か）で、きちんと袴をつけている。腰回りに懐中時計らしい鎖もみえる。白い羽織紐は、啞蟬坊が若い頃好んだ書生風俗の名残だろうか（長羽織に一尋（約一八〇センチ）の白い羽織紐をつけていたことから「一尋さん」とあだ名されていた）。

質素な和服の礼装といえるが、しころの長い頭巾と長髪のインパクトは絶大である。この頭巾は、一般的な演歌師とは違うポエティックな印象（僧侶や俳諧の宗匠を彷彿とさせる）を見る者にあたえていたと思われる。

時代が下るにつれ演歌師の壮士風な服装が、あまり好まれない傾向にあったようなので、その対策としての頭巾だったのかもしれない。しかし結果的にその強烈なイメージは、現代でもなお彼の作品世界を演出し続けている。

（しらとり・ひろやす　服飾研究家）

唖蝉坊演歌②

ヘナチョコ節

須田町の角からどこまでも　づらりと並んでサボつてるは　東京で自慢のボロ電車　三十分も五十分も動かない　それを気長に待つてゐる　死民《おきやく》の心はどんなもの　ステキメツポーヘナチヨコだ　ステキメツポーヘナチヨコだ

東京の道路はどんなもの　雨が降りや田のやうで歩けない　頭から自動車が泥をかける　風が吹きや埃りで目が明けぬ　アッチコッチ通行止堀返《どめほりか》へし　左側歩けなきやどんなもの　テキメツポーヘナチヨコだ　ステキメツポーヘナチヨコだ

公園のロハ台はどんなとこ　宿無しが寝るとこ休むとこ　腹が減つて思案に暮るゝとこ　目つきのよくない人買ひが　うまい言葉でダマかして　足尾北海道へやるところ　テキメツポーヘナチヨコだ　ステキメツポーヘナチヨコだ

浅草公園どんなとこ　面白おかしく遊ぶとこ　目玉の松ちやん目をむいて　五九郎がアツハツハと笑はせて　飛んだり跳《はね》たり女優さんが　ヘンな腰つき見

せるとこ　テキメツポーヘナチヨコだ　ステキメツポーヘナチヨコだ

浅草は景気のいゝところ　見るもの聴くもの多いとこ　五銭で見られた活動に

五十銭も一円もかゝるとこ　金が無きや看板だけ見るところ　只でブーカドン

を聞くところ　テキメツポーヘナチヨコだ　ステキメツポーヘナチヨコだ

夜の公園どんなとこ　藤棚下やら茶畑に　首の白いのが現はれる　包《つつみ》かゝへて

うろ〳〵と　金のありそなノロさうな　男探しに現はれる　テキメツポーヘナチヨ

コだ　ステキメツポーヘナチヨコだ

夜の浅草どんなもの　酒場《ばあ》で唱ふのが蓄音機　連れて唱ふのはのんだくれ　外

じや武雄《たけお》が唱つてる　若い女にフザケてる　十銭お呉〳〵れと言つてゐる　テ

キメツポーヘナチヨコだ　ステキメツポーヘナチヨコだ

ナンデーカンデー節約デー　不景気で困るデーこぼすデー　目色《めいろ》顔色変える

デー　義理にやかまはぬ貯金デー　貧乏人の節約断食デー　こいつは腹が減つ

て目が廻る　テキメツポーヘナチヨコだ　ステキメツポーヘナチヨコだ

現代節

新案特許品よくよく見れば
　小さく出願中と書いてある　アラ　ほんとに　現代的だわネ
金持はえらいもの芸者をつれて
　自動車とばせる慈善会　アラ　ほんとに　現代的だわネ
独身主義とはそりゃ負け惜み
　実のところは来人《きて》がない　アラ　ほんとに　現代的だわネ
新しい女といふてるうちに
　いつの間にやら古くなる　アラ　ほんとに　現代的だわネ
お清泡鳴はまじめなバカよ
　痴話喧嘩を裁判所へかつぎ込む　アラ　ほんとに　現代的だわネ
あまい言葉もまたおどかしも
　さめたノラには甲斐がない　アラ　ほんとに　現代的だわネ
子爵伯爵なにほしからう
　わたしの宝は肥《こえ》びしゃく　アラ　ほんとに　現代的だわネ

従者《おとも》ひきつれ生徒が通ふ
　通ふ先生は腰弁当　アラ　ほんとに　現代的だわネ
ぼくに君から十円くれりゃ
　君にぼくから五円やる　アラ　ほんとに　現代的だわネ
死んだあとでの極楽よりも
　この世でらくらく生活《くら》したい　アラ　ほんとに　現代的だわネ
ハイカラ女の讃美歌よりも
　おらが嬶《かか》ァの田植唄　アラ　ほんとに　現代的だわネ
貧にやつれて目をくぼませて
　うたふ君が代千代八千代　アラ　ほんとに　現代的だわネ

当世字引歌

「空前絶後」とは「タビタビアルコト」で「スグコワレル」のが「保険付」
「大懸賞」とは「バカモノツリ」で「マネゴトスル」のが「新発明」
「恋愛」とは「ダマシテカネトル」ことで「厭世」とは「ヒジテッポークッタ」こと
「初婚の処女」とは「デモドリヲンナ」「容貌普通」は「オバケヅラ」
「本紺染《ほんこんぞめ》」とは「オハグロゾメ」で「大安売」とは「タカイコト」
「正直者」は「ジセイニアハナイバカ」で「才子」は「ユダンノデキヌヒト」
「賃銀労働者」は「ノーゼイドウブツ」「紳士」は「アソンデクラスヒト」
「小間使」とは「ナイショノメカケ」「美人」とは「ミナゲヲシタヲンナ」
「ヤスクカッテタカクウッテモウケル」のは「商人」「アブラウル」のは「怠惰者《なまけもの》」
「ミヲウッテオシリヲウル」のは「娼妓」「イノチヲウル」のは「労働者」
「馬匹改良」は「トバクノショウレイ」「福引」は「ヨクバリヲダマスモノ」
「名誉」とは「オカネヲタメコムコト」で「坊主」は「オキョウノチクオンキ」

東京節（パイノパイ）

作・添田さつき

東京の中枢は丸の内　日比谷公園両議院　いきな構への帝劇に　いかめし館《やかた》は
警視庁　諸官省ズラリ馬場先門　海上ビルディング東京駅　ポッポと出る汽車
どこへ行く　ラメチャンタラギッチョンチョンデパイノパイノパイ　パリコト
パナナデ　フライフライフライ

東京で繁華な浅草は　雷門、仲見世、浅草寺　鳩ポッポ豆うるお婆さん　活動、
十二階、花屋敷　すし、おこし、牛《ぎゅう》、天ぷら　なんだとこん畜生でお巡りさん
スリに乞食にカッパラヒ　ラメチャンタラギッチョンチョンデパイノパイノパ
イ　パリコトパナナデ　フライフライフライ

東京で自慢はなんですね　三百万人うようよと　米も作らずにくらすこと　タ
ジレた市長を仰ぐこと　それにみんなが感心に　市長のいふことよくきいて
豆粕食ふこと痩せること　シチョウサンタラケチンボデパイノパイノパイ　洋
服モツメエリデ　フルイフルイフルイ

東京の名物満員電車　いつまで待ってても乗れやしねえ　乗るにゃ喧嘩腰いのちがけ　ヤットコトサとスイタのが来やがっても　ダメ、ダメと手をふって又々止めずに行きゃあがる　なんだ故障車か、ボロ電車め　ラメチャンタラギッチョンチョンデパイノパイノパイ　パリコトパナナデ　フライフライフライ

東京にも裏には裏がある　鳥も通はぬ島といふが　おてんとさまも影見せぬ暗くて臭くて穴のよな　犬の小屋かと思ったら　どういたしまして人間が　住んでをります生きてます　衛生論も体面論もパイノパイノパイ　パリコトパナナデ　フライフライフライフライ

東京はよいとこ面白や　豆腐、ミソ豆、納豆、桶屋　羅宇屋、飴屋に甘酒屋七色とんがらし、塩辛や　クズーイクズーイ、下駄の歯入　あんま、鍋焼、チャンしゅうまい　唄の読売ゃどうぢゃいな　ラメチャンタラギッチョンチョンデパイノパイノパイ　パリコトパナナデ　フライフライフライ

新鴨緑江節

花が咲く　花が咲く咲くアノ花が咲く　貧乏人に面あてのアノ花が咲く
花が咲いたとてョ
おれたちのョ
腹がマタふくれるわけじゃない　チョイチョイ
東京に　坂があるあるアノ坂がある　神楽坂やらアノ九段坂
坂があるのでョ
どうかこうかョ
食ってるマタ生きてる立ン坊　チョイチョイ

新馬鹿の唄（ハテナソング）

作・唖蟬坊、山路赤春

九段坂から見下ろせば　人が車を曳いてゐる　馬も車を曳いてゐる
　馬やら人やらわからない　ハテナ　ハテナ
青い顔して死神に　とりつかれたやうな顔をして
　流感よけのマスクして　フラリフラリと歩いてる　ハテナ　ハテナ
金はたまるし女は惚れる　どうやらこの世がおもしろく
　なって来たのにハヤリ風　こいつはあぶないと注射した　ハテナ　ハテナ
帽子をかむって外套きて　おまけにマスクで顔かくし
　眼ばかりギロギロ光らせる　人間タンクの化物か　ハテナ　ハテナ
議員議会で欠伸《あくび》する　軍人金持と握手する
　インフルエンザはマスクする　臭いものには蓋をする　ハテナ　ハテナ
金の腕輪に夜会服　帝国ホテルの舞踏会
　昨日三越今日歌舞伎　わたしゃ風船風まかせ　ハテナ　ハテナ
雨がふるふる日は暮れる　工場帰りの女工さん
　泥にはまって困ってる　二階ぢゃ芸者が笑ってる　ハテナ　ハテナ

労働問題種にして　本屋、学者は繁昌する
　活字拾いの職工は　青くなってる痩せてゐる　ハテナ　ハテナ
かせぐに追ひつく貧乏は　ないと思へよ労働者
　廻る機械にひけとるな　おれはその間に一眠り　ハテナ　ハテナ
「ぬ」はぬすびとの昼寝なり　かせぐに追ひつく貧乏が
　あるから不思議身から出た　錆とはどうも思われぬ　ハテナ　ハテナ
ジョージウイルソンクレマンソー　ブランウイスキーベルモット
　近頃はやりのオペラダンス　こはいをぢさんレニン、トロツキー　ハテナ　ハテナ
智恵もナイ相奈良丸を　召して教育たのむやら
　「あれやこれやのテチガヒを　うけて蒙る身の恥辱」　ハテナ　ハテナ
おいらもおみこしかつぐんだ　ワッショイワッショイワッショイと
　空腹《すきばら》忘れてもんでゐる　ハテナ　ハテナ
何をくよくよ七転び　八起きと今年も唄に暮れ　八起きもできぬふところ手
　ぼんやりカレンダーを眺めてる　ハテナ　ハテナ
師走の町はおもしろい　かけとり自転車鬼ごっこ
　あとからマラソン、寒詣り　そのまたあとからカラッ風　ハテナ　ハテナ
政治屋地主をかつぎあげ　地主議員をかつぎあげ

倅親父をかつぎあげ　小作貧乏で鍬かつぐ　ハテナ　ハテナ
裸でもいい頃反物が　さがって投売が流行り出した
貯金さげた金、質の金で　買ふ買ふ買ってまた質に入れる　ハテナ　ハテナ
文明開化の逆戻り　電車故障で立ち通し
郵便電報がおそくなり　ロシアの金持にげて来る　ハテナ　ハテナ

ソレたのむ（新梅ヶ枝節）

桜田の　かもんさま　あなたの芝居で儲けます
　もしも芝居で儲けたら　その時ゃ極楽へ　ソレたのむ

国粋を　保存しろ　桜にチョン髷思想富士の山
　芸者に武士道に天理教踊り　ついでに大本教も　ソレたのむ

ヘボ太夫と　慎吉の　チョン髷思想鼓吹論いゝ度胸
　聴者《ききて》がへっても驚かぬ糞度胸　最後の一人まで　ソレたのむ

八百長の山本さん　奸商征伐するのなら
　お前さんなんかにゃ頼まない　不景気風に　ソレたのむ

抑へつけて　よい味の　出るのは沢庵と労働者
　重石《おし》がきかなくなったその時は　その時ゃ十七条　ソレたのむ

考へていゝ智恵が出ましたか
　何かいいことがありますか　なかったら足尾へ　ソレたのむ

家もない　米もない　金もない職業もないけれど
　死ぬ気もないといふ奴がウンと殖えた　救済か放浪罪か　ソレたのむ

金がうなる　金持の　お金が金庫でうなります
　貧乏窟の病人もうなります　どちらもウンウン　ソレうなる

ディアボロ替唄

慾に限《き》りなき　物凄い人は
石を罐詰に　入れて儲け
火事場ドロボーと
噂されたのも　七十五日よ
金は光る　怖や　怪しい爵位
轟くその名は
キハチロ　キハチロ
キハチロ　キハーチロ

お金ある人　自動車に乗るが
お金ない人　テクで歩く
お金ある人　お酒のみふける
お金ない人　水ものめぬ
怖や　はやり唄うたふ
はやりのその唄
ディアボロ　ディアボロ
ディアボロ　ディアーボロ

代々続いた　能なしの市長
わけてトボけた　いやなぢぢい
豆の粕など　食へぬとぬかしたる
子供だましの　箔もはげて
怖や　ロクヌスビトと　罵る声々
イナジロ　イナジロ
イナゼロ　イナーゼロ

あゝわからない（上の巻）

あゝわからないわからない　今の浮世はわからない　文明開化といふけれど　表面《うわべ》ばかりじゃわからない　瓦斯や電気は立派でも　蒸汽の力は便利でも　メッキ細工か天ぷらか　見かけ倒しの夏玉子　人は不景気ゝゝゝと　泣き言ばかり繰返し　年がら年中火の車　廻してゐるのがわからない

あゝわからないわからない　義理も人情もわからない　私慾《よく》に眼がくらんだか　どいつもこいつもわからない　なんぼお金の世じやとても　あかの他人はいふもさら　親類縁者の間でも　金と一言聞くときは　忽ちヱビスも鬼となり　鵬眼《くまたかまなこ》をむき出して　喧嘩口論訴訟沙汰　これが開化か文明か

あゝわからないわからない　乞食に捨子に発狂者　スリにマンビキカッパラヒ　強盗窃盗詐欺取財　私通姦通無理心中　同盟罷工や失業者　自殺や餓死凍え死　女房殺しや親殺し　夫殺しや主《しゅう》殺し　目もあてられぬ事故《こと》ばかり　むやみやたらに出来るのが　なぜに開化か文明か

あゝわからないわからない 金持なんぞはわからない 贅沢三昧仕放題 妾をかこふて酒のんで 毎日遊んで居りながら 金がだんだん増えるのに 働く者はあくせくと 流す血の汗あぶら汗 夢中になつて働いて 貧乏するのがわからない 貧乏人のふえるのが なぜに開化か文明か

あゝわからないわからない 賢い人がなんぼでも ある世の中に馬鹿者が 議員になるのがわからない 議員といふのは名ばかりで 間ぬけで腑ぬけで腰ぬけで いつもぼんやり椅子の番 啞かつんぼかわからない

あゝわからないわからない 当世紳士はわからない 法螺を資本《もとで》に世を渡る あきれ蛙の面の皮 あつかましいにも程がある そのくせ芸者にふられたり 弄花《はな》に負けたりする時は 青くなるのがわからない

あゝわからないわからない 今の坊主はわからない 殊勝な面でごまかして 寝言念仏ねむくなる 女をみだぶつ法蓮華経 それも白髪のぢいさんや ばあさんたちが巾着《きんちゃく》を はたく心がわからない

あゝわからないわからない　耶蘇の坊主もわからない　飯も食へない人たちにアーメンソーメンうんどんを　食はせるなればよいけれど　聴かせるばかりで何になる　何も食はずにお前らの　まづい説教がきかれよか

あゝわからないわからない　威張る役人わからない　なぜにゐばるかわからない　たゞムチヤクチヤに威張るのか　彼らが威張れば人民が　米搗《こめつ》きバツタを見るやうに　ヘイヘイハイハイピヨコピヨコと　お辞儀するのがわからない

あゝわからないわからない　今のお医者はわからない　仁術なんぞといふけれど　本職はお止めでたいこもち　千代萩《せんだいはぎ》ではあるまいし　竹に雀の気が知れん　貧乏人を見殺しに　してゐる心がわからない

あゝわからないわからない　弁護士なんぞもわからない　おだてて訴訟をおこさせて　原告被告のなれあひで　何をするのかわからない　勝つも負けるも人の事　報酬貪ることばかり　何が義侠かわからない

あゝわからないわからない　なぜにわれわれ人間は　互にかくまで齷齪《あくせく》と　朝から晩まで働いて　苦しい目に遇ひ難渋の　事に出遇ふて死ぬよりも　辛い我慢

『演歌の明治ン大正テキヤ』正誤表

本文中に下記誤りがございました。訂正の上、お詫び申し上げます。

社会評論社

46、47 頁:「ヘナチョコ節」歌詞

（誤）テキメツポー（正）ステキメツポー

159 ～ 162 頁:引用文の出典は『私は河原乞食・考』(三一書房刊)

をしてまでも 命をつゞけてゐるのやら どう考へてもわからない 何を目的《めあて》に生存《ながら》へてゐるのかさつぱりわからない わが身でわが身がわからない

あゝわからないわからない 善悪正邪《いいもわるいも》わからない ますます闇路《やみじ》を踏み迷ひ もだえ苦しむ亡者殿 お前はホントにわからない権利も自由もわからない 経済問題わからない いつまで迷ふて御座るのか

あゝわからないわからない 生存競争わからない 鉄道電気じゃあるまいし 針金細工の綱渡り こんな危いことはない こんなバカげたことはない 死んだがましかもわからない あゝわからないわからない

あゝわからない（下の巻）

人間僅か五十年　二十五年は寝て暮らす　昼寝十年転寝《うたたね》を　十年引いて其の後に　残る五年を居眠れば　人間終《つい》に0《ゼロ》となる　起て半畳《はんじょう》　寝て一畳　食べて五合着て一枚

なんぼお金が有つたとて　死んで行く時は生草鞋《きわらじ》に　経かたびらに銭六ツ　宗旨によつては一文も　持たずに閻魔の帳面に　いやでも附《つ》かなきやならないと　定《き》まつてゐるではないかいな　何をくよ〳〵身を焦《こが》す

もう者よもう者　やよ亡者　お前はほんとに気が知れぬ　貨財《かね》は此の世の寄持で　お前一人の物じやない　それをお前は欲張つて　我が物顔に身勝手に　なぜに其の様に溜《ため》込むか　慾といふても程がある

義理も人情も打ち捨てゝ　食ひたいものさへ食ひもせず　こまる〳〵と愚痴ば

かり こぼしてボロ着て憂《うき》苦労 いよ〳〵溜れば溜るほど 灰ふき同様きたないと 親類縁者に爪弾《つまはじ》き されても一向無頓着

チー〳〵赤ニシ吝《けち》ん坊 金溜《かねため》器械よ守銭奴よ 疫病神よ死に損ね 早くクタバレ畜生め 面を見てさへ無茶苦茶に 癪《しゃく》に障つてたまらない など〻譏《そし》られ罵られ 怨《うら》まれ憎まれ嫌がられ

世の交りを狭くして 自由自在の世渡りも 出来ぬ片輪と成り果て〻 情ないとは思はぬか もう者よく聞けお前等は 金さへあれば安楽じや 金じや金じやといふけれど 年が年中其の金に 自分の身体《からだ》を縛られて 困つて居るのがわからない

身体ばかりか心まで 休まる隙《ひま》はありやせまい 遠い火事にも気を揉んで 夜もをち〳〵眠られず 犬が吠えても起き上り 天井の鼠が騒いでも こりや大変だ泥棒が 這《は》入《い》つて来たと驚いて 金箱抱へて青くなり ブル〳〵慄《ふる》えてナムマイダー慈悲じやお情じやお泥棒さん 命は奇麗にあげまする お金ばかりはお救《たす》けと 泣いて拝むも心から お前はお金の番人に 生れて来たのかわからない 誰も頼みはせぬものを 明け暮れ根気を腐らして

金で買はれぬ命をば カンナをかけてだん〳〵と 我から削つてしまふのを 馬鹿々々しいとは思はぬか さうして溜めた其の金を あのよへ旅立する時に残らず背負つてござる気か どうするつもりかわからない

此世で悪事を仕尽して 嘘つき通して来た様に 追従《ついしょう》軽薄《けいはく》出任《でまか》せで 生塚婆《しょうつかばば》を誤魔化して 閻魔の前で金びらを 切つて見る気かあほらしい 地獄の責苦《せめく》を待たずとも 心の鬼に責められて

今にのぼせて気がふれて 日頃泥棒の用心と 思ふた刃《はもの》で我咽頭《のど》を 突いて死ぬかもわからない 我と我家へ火をつけて 金庫へしつかり縋《すが》りつき 金庫と共に焼死んで 笑ひ草かもわからない

あゝわからないわからない お前の心はわからない 欲張る心がわからない どう考へてもわからない

あきらめ節

地主金持は我儘者で　役人なんぞは威張る者
　こんな浮世へ生れてきたが　わが身の不運と　あきらめる
お前この世へ何しに来たか　税や利息を払ふため
　こんな浮世へ生れてきたが　わが身の不運と　あきらめる
苦しからうが辛かろが　義務は尽さにゃならぬもの
　権利なんぞをほしがることは　できぬものだと　あきらめる
たとへ姑が鬼でも蛇でも　嫁は柔順《すなお》にせにゃならぬ
　どうせ懲役するよなものと　何もいはずに　あきらめる
借りたお金は催促されて　貸したお金は取れぬもの
　どうせ浮世は斯様《こう》したものと　わたしゃ何時でも　あきらめる
長いものには巻かれてしまへ　泣く子と地頭にゃ勝たれない
　貧乏は不運で病気は不幸　時よ時節と　あきらめる
あきらめなされよあきらめなされ　あきらめなさるが無事であろ
　わたしゃ自由の動物だから　あきらめられぬと　あきらめる

新わからない節

作・唖蟬坊、山路赤春

あゝわからないわからない　今の世の中わからない
　経済事情もわからない　どいつもこいつもわからない
あゝわからないわからない　桜咲く国えらい国
　米がたんとある米の国　のたれ死ぬ人多い国
あゝわからないわからない　遊んでてお金のふえる人
　かせいでもかせいでも食へぬ　何がなんだかわからない
あゝわからないわからない　腹がへっちゃ理も非もわからない
　腹がへった泥棒したつかまった　監獄へ入った飯が食へた
あゝわからないわからない　満期放免わからない
　娑婆じゃ腹がへってたまらない　腹がへっちゃ理も非もわからない
あゝわからないわからない　上を見りゃきりはない下を見ろ
　橋の上に乞食が坐ってる　そのまた下を見りゃ屋形船
あゝわからないわからない　ういたういたの屋形船
　何が浮いたやわからない　川にゃ土左衛門も浮いてゐる

あゝわからないわからない　代議士なんかもわからない
どうせ資本家の走狗《いぬ》同志　にらみ合ふのがわからない
あゝわからないわからない　学者なんかもわからない
流行りすたりの呉服物　ローズものやら売れ残り
あゝわからないわからない　文士なんかもわからない
変態性慾妄想狂　ありがたがるのがわからない
あゝわからないわからない　相場師なんかもわからない
暴落なんかに腰ぬかし　首をくゝるのがわからない
あゝわからないわからない　ヤソと日蓮が四つ辻で
喧嘩するのがわからない　神も仏もわからない
あゝわからないわからない　前科五犯のヤソ坊主
報徳宗やら天理王　口を拭いてりゃわからない
あゝわからないわからない　スリも乞食も泥棒も
華族成金軍人も　うはべばかりじゃわからない
あゝわからないわからない　夜道暗くてわからない
どこまで行ってもわからない　あゝわからないわからない

新安来節

鴉へんな奴　へんな声出して日日《ひにち》毎日啼いてゐる
銭《ぜに》もないのにカオーカオーと　貧乏人の真似をして泣いてゐる
酒の肴に新聞よめば　ボロボロ電車にデコボコ道路にガスに水道工
事の不正に軍艦かじりに強盗殺人　みんな世間のアラばかり

へんな心（リゴレット・女心替唄）

株がさがる株がさがる　小気味よくも株がさがる
成金どもが泣いて狂ひ　首くゝるも因果応報
株がさがる株がさがる　小気味よくも　さがるよ　あ………あ、さがるよ

命がけで乗ろとしても　乗れぬ電車いやな電車
故障電車　停車電車　サボリ電車　改良するはいつのことか
改良もせずに　値上げばかり　困るよ　あ………あ、困るよ

田尻さんや田尻さんや　東京市内　到るところ
塵芥《ごみ》の山だ　ゴミの山だ　どうかせぬか田尻さんや
コレラコレラ　怖くないか　おいら怖い　怖いよ　あ………あ、怖いよ

田尻さんや田尻さんや　東京市内　到るところ道がわるい
道がわるい　どうかせぬか田尻さんや　泥の海が怖くないか

おいら怖い　怖いよ　あ……あ、怖いよ
田尻さんや田尻さんや　東京市内　到るところ　共同便所　流れ出して
下水あふれ　臭気紛々　どうかせぬか　田尻さんや
コレラ流行るよ　はやるよ　あ……あ、はやるよ
田尻さんや田尻さんや　ゴミの山を糞尿の川をどうかせぬか
警視庁に叱られても　平気の平左　厚顔無恥の田尻さんや
暑くなるに　困るよ　あ……あ、困るよ

※田尻稲次郎。東京市長任期、大正7年～9年。

《混雑のはげしい時刻には、来る電車も来る電車も、普通の意味の満員は通り越した特別の超越的満員であるが、それでも停留所に立って、ものの十分か十五分も観察していると、相次いで来る車の満員の程度におのずから一定の律動のある事に気がつく。》

寺田寅彦

小宮豊隆編、岩波文庫『寺田寅彦随筆集　第二巻』所収「電車の混雑について」(『思想』大正11年9月)より。

(写真) 中央区立京橋図書館蔵「浅草橋電車交差点　東京名所」

資料◉東京市電とストライキ

出典『新編　千代田区史　通史篇』（東京都千代田区刊、１９９８年）

明治41年、東京鉄道は五銭への値上げを申請した。このころの電車は夜も11時半か12時で終電になった。暖房もなく、冬の寒い日や雨の日は人いきれと臭気で息も詰まるほどであった。車両も年々不潔になり、座席は湿気を含み吊革は汚れ放題、南京虫やノミ、シラミ、はては眼病や皮膚病までもらうほどであったので、値上げ案はまたも市民の反対にあい、42年1月、却下された。

同年10月、政府が条件つきで市有を認める意向を示したので市と会社の間で買収交渉が始まり、44年（１９１１）8月1日、東京市電気局が発足して「市電」が誕生した。

東京鉄道は解散にあたり慰労金を分配したが、上に厚く下に薄かったので、運転手と車掌が大晦日からストライキに入り、明治最後の正月は市電ストで明けた。市当局の調停でストは労働者の勝利に終わり、大逆事件で社会運動の上にたれ込めていた重苦しい雰囲気をうち破る力となった。

値上げのたびに根強い反対運動が起きるほど、路面電車は市民の暮らしに根を下ろしていた。大正4年ごろにはラッシュ・アワーがみられるようになり、「東京の名物満員電車　いつまで待っても乗れやしねぇ　乗るにゃ喧嘩腰命がけ…」と演歌にも歌われるほどになった。

資料◉電車の乗り方

出典『東京案内』（大正3年）（『復刻版近代日本地誌叢書　東京篇12』竜渓書舎、１９９２年）

東京を歩くに至極便利な電車、というものがある。電車のなかった時代には乗合馬車というものがあって、人力車よりも廉《やす》い賃金で遠くへ行く人を運んだものであるが、この電車が出来てからは、場末の一部に、その形骸を止むるばかり、乗合馬車は市内よりその陰をかくして了った。日を追って益々延長されて居る電車線路は、殆《ほとん》ど東京市内、何処《どこ》にでも縦横に通じて居る。荷物（自分の膝に乗っかる位の大きさの物は差支なし）を持って居ないならば、金《きん》五銭を投じさえすれば、何処までも何処までも運んで呉れる。テクテク歩くならば一時間もかかるところを、二十分や十五分で運んで呉れる。東京居住者は勿論、東京遊覧客は、この安価にして便利な交通の利器を利用せなければならぬ。

《大多数の東京市内電車の乗客は、長い休止の後に来る最初の満員電車に先を争って乗らなければ気が済まないように見える。》　寺田寅彦

小宮豊隆編、岩波文庫『寺田寅彦随筆集　第二巻』所収「電車の混雑について」（『思想』大正11年9月）より。

（写真）中央区立京橋図書館蔵「上野広小路交差点　東京名所　満員電車」

新トンヤレ節

皆さん皆さんエンマさんの前に
　ピョコピョコお辞儀するアリャ何じゃ　トコトンヤレトンヤレナ
あれは米買って船買って株買って
　もうけて死んだ亡者と知らないか　トコトンヤレトンヤレナ
皆さん皆さん親切らしくお金を
　貸したがる商売アリャ何じゃ　トコトンヤレトンヤレナ
あれは高利貸、貧乏人泣かせの
　我利々々亡者と知らないか　トコトンヤレトンヤレナ
皆さん皆さん東京の街歩いて
　一番癪に障るものアリャ何じゃ　トコトンヤレトンヤレナ
あれは飛んでゆく自動車がはねとばす
　どろどろ路の泥じゃと知らないか　トコトンヤレトンヤレナ
皆さん皆さん停留所々々々に
　うようよしてるものアリャ何じゃ　トコトンヤレトンヤレナ

あれはボロ電車に乗る気で待ってる
　気長な人間と知らないか　トコトンヤレトンヤレナ
皆さん皆さんをかしな女どもが
　お花を売ってるアリャ何じゃ　トコトンヤレトンヤレナ
あれは貴婦人、自分の金を出さずに
　慈善をするといふのじゃ知らないか　トコトンヤレトンヤレナ

青島節（ナッチョラン）

青島《ちんとう》よいとこ誰《た》がいふた　うしろはげ山前は海　尾のない狐が住むさうな
　ぼくも二三度だまされた　ナッチョラン
青島の山から見下ろして　あの海越ゆればわが日本　さぞや凱旋待つであろ
　ぼくは青島の守備となる　ナッチョラン
大黒帽子にボンネット　子供のよだれかけあべこべに
　風呂敷たゝんで襟かざり　意気で無邪気な水兵さん　ナッチョラン
早く帰って頂戴と　送る浪さん逗子の浜　わたしゃお客を送るとき
　背中叩いて舌を出す　ナッチョラン
学校へ通って居る内は　卒業々々と待って居たが
　卒業してみりゃつまらない　またも気になる就職口《つとめぐち》　ナッチョラン
親も妻子もふり捨てゝ　わたしゃ兵士になりました
　泣き泣き三年つとめあげ　帰りゃわが家に雨が漏る　ナッチョラン
あゝつまらないつまらない　今日からかせぐのやめにしよ
　見やれ日比谷の議事堂で　居ねむり駄賃が二千円　ナッチョラン

女優が牡丹の花ならば　洋妾《ラシャメン》なんぞはバラの花
　後家は野菊で尼は蓮花《はす》　下女は南瓜《かぼちゃ》の花かいな　ナッチョラン
女事務員が柳なら　女詩人は花すみれ
　女教師が蘭の花　女工がへちまの花かいな　ナッチョラン
哀れなるかな床の番　寝ようとしても眠られず
　まなこパチパチ高いびき　狸みたよなものかいな　ナッチョラン

平和節

作・添田さつき

めでたいめでたいおめでたい　戦争《いくさ》がすんでおめでたい
物価の高いのもおめでたい　花火をあげろ　ハタ立てろ
いざ祝へ　みんな祝へ　天下太平おめでたい　日本が一番おめでたい
　ニホンマイハタカイカラパイノパイノパイ
　ナンキンマイヤトンキンマイデ　フライフライフライ

世界の平和はどうなるか　フランスパリーで集まって
損はあるまいウイルソン　冗談ばっかりジョージさん
何もくれないクレマンゾー　灘万料理は西園寺　どんな御馳走ができるやら
　ハナチャンタラベッピンサンデアイキョモノ
　パリッ子トキョウソウデ　フレーフレーフレー

京都ナマリはそうどすえ　織物、染物、紅、白粉
鴨川そだちの女やさし　金閣寺、銀閣寺、南禅寺　桜、紅葉、嵐山
鐘がなります清水の　舞台にひらひら花がちる

花は祇園の春の宵　夏のすゞみに四条河原　秋は紅葉の竜田川
今朝の寒さに蒲団着て　寐たる姿の東山　加茂の流れが帯ならば
立った比叡は京美人
　ラメチャンタラギッチョンチョンデパイノパイノ
　パイ　パリコトパナナデ　フライフライフライ

大阪はドエライモンだっせ　お城は兵営、天王寺の塔
街には水陸の便がある　天満宮、生魂社、高津宮　芝居、芝居、道頓堀
心斎橋、千日前は人の波　堂島米相場日本一
　ラメチャンタラギッチョンチョンデパイノパイノ
　パイ　パリコトパナナデ　フライフライフライ

名古屋の名物買ってチョーデーモ　ミヤシゲ大根、糸絞り
大根漬、味噌漬、八丁味噌　お能の狂言、源氏節　芸者役者は腕くらべ
お城で兵隊さんがトコトットット　金のシャチホコ雨ざらし
　ラメチャンタラギッチョンチョンデパイノパイノ
　パイ　パリコトパナナデ　フライフライフライ

神戸には洗濯屋タントある　居留地、多聞通り、楠公社
諏訪の山から見下ろせば　水が無くても湊川　港、港、黒けむり

神戸名物ナンゾイヤ　牛《うし》、牛、牛、牛、牛ばかり
ラメチャンタラギッチョンチョンデパイノパイノ
パイ　パリコトパナナデ　フライフライフライ

吉原は日本一の遊廓で　夜も昼なる五丁町《ごちょうまち》　粋《すい》と不粋《ぶすい》の仲《なか》の町《ちょう》
春が来りゃ毎年花が咲く　昔ながらの花は咲くが
見返りの柳も芽を吹くが　生きた弁天さんは拝まれぬ
ジンスケサンヤケチンボハパイノパイノパイ
ボルダケボッテオイテ　フレ　フレ　フレ

稼いでも稼いでも足りないに　物価はいよいよ高くなる
ものは高うても子はできる　できるその子も栄養不良
いやにシナビて青白く　あごがツン出て目がくぼみ
だんだん人相がわるくなる
ラメチャンタラギッチョンチョンデパイノパイノパイ
パリコトパナナデ　フライフライフライ

資料について

ここで添田唖蟬坊が演歌の歴史を書いた文章を紹介します。大正五年（1916）に発行された『唖蟬坊新流行歌集』は、冒頭に堺利彦はじめ十五人の祝辞が続き、この資料①「時代の片影　新流行歌の変遷」が続きます。演歌文化を担った当人が説く文章は実にわかりやすく説得力があります。

資料②「路傍の流行唄」（谷人生・筆）は、大正年代はじめの演歌師が縁日で活躍していた頃に書かれたルポルタージュです。少々唖蟬坊びいきの感がいなめませんが、当時の様子がわかる内容です。

演歌師が時代とともに社会的役割を変えて行く様子をどうぞ。

☆出典　添田唖蟬坊著『唖蟬坊新流行歌集』（大正5（1916）年、臥龍窟発行、山口屋書店発売）所収

資料❶　時代の片影

新流行歌の変遷

添田唖蟬坊

新流行歌の起原

新流行歌すなわち壮士節《そうしぶし》は自由民権運動の産物である。当時政府は厳しく言論の自由を拘束しておった。ために民権論者も、演説や新聞紙などでは思う様な活動も出来ず、ほとんど頭痛鉢巻の体であった。

ある時ふと板垣退助氏が「自由の思想はむしろ社会の下層に鼓吹《こすい》すべきものであるから、むずかしい演説より通俗な小唄《こうた》や講談などの方がかえって利目《ききめ》があるかも知れぬ」と言った事があった。

それから間もなく伊藤（痴遊《ちゅう》）仁《に》太郎氏や奥宮《おくみや》某氏、ほか数名の新講談師と四五名の「読売壮士《よみうりそうし》」という者が出来たのだ。

ところが名は講談であり、読売であっても、実は政治問題を中心として随分激烈な議論を吐いたものであるから、警察は盛んに干渉した講談は度々中止解散の憂き目に遇い、読売壮士は警吏《けいり》と衝突して互いに血を見る様な騒ぎすらあった。

その後この連中が通俗自由演説という名義で、馬喰町の郡代楼《ぐんだいろう》というので講演をやった、奥宮某氏の如きはその筋《すじ》の忌憚《きたん》にふれて、石川島へ送られ、その他の人々もさまざまの迫害を受けて、一時離散してしまったが「壮士節」はますます盛んに謡《うた》われていた。

その頃「自由演歌」と題して読売壮士の団体から発行されたのが、左の「ダイナマイト節」であった。

○民権論者の涙の雨で、みがき上《あげ》たる大和胆《やまときも》
　コクリ、ミンプクゾウシンシテ、ミンリヨクキユウヨウセ
　　若しも成らなきやダイナマイトドン
○四千余万の同胞《そなた》の為にや、赤い囚衣《ひきせ》も苦にならぬ
　コクリ、ミンプクゾウシンシテ、ミンリヨクキユウヨウセ
　　若しも成らなきやダイナマイトドン
○悔やむまいぞや、苦は楽の種、やがて自由の花が咲く
　コクリ、ミンプクゾウシンシテ、ミンリヨクキユウヨウセ
　　若しも成らなきやダイナマイトドン
○治外法権撤去の夢と、見るも嬉しいホルトガル
　コクリ、ミンプクゾウシンシテ、ミンリヨクキユウヨウセ

この時から、新流行歌すなわち「壮士節」を演歌と称する様になった。

今日なお読売業者がいかなる新流行歌をも演歌と称し、その演歌の読売するものを、総称して演歌家《や》と呼ぶのも皆この「ダイナマイト節」の表題「自由演歌」から出ているのだ。

この壮士ら一団の参謀本部は「中央青年倶楽部」というて、随分永く続いた。作歌者《さくかしゃ》には久田鬼石《ひさだきせき》氏と殿江酔郷《とのえすいきょう》氏とがあった。

「中央青年倶楽部」は京橋区新富町一丁目九番地にあった。初め敬業社《けいぎょうしゃ》と称し、のち青年実業社と改め、さらにまた青年倶楽部と改めたが、類似の団体が出来たので中央を冠す様になったのだ。

この倶楽部の主人は伊藤保一という人で、妻君《さいくん》は大兵肥満の体量《たいりょう》十七貫五百目の女であった。壮士らは皆この妻君を「おばさん」と呼んで敬慕しておった。他に向かって虎の如き壮士らも、この「おばさん」の前には全然《まるで》猫よりも柔順《すなお》な子供であった。

当時この倶楽部へ出入りしていた人の中には、故田中正造氏や、高橋秀臣氏らを始めとして気骨のある政治家が大分であった。

選挙の時は必ずこの団体から二三十人は運動員が出た、その運動が頗《すこぶ》る有力なるものであったから、議員などもこの団体のために莫大な運動費を投じたものだ。

関新之助氏の運動もした、森久保作蔵氏の運動もした、板倉中氏の運動もした、故星亭氏の運動もした、多く自由党のために運動した、神奈川県から千葉、栃木、静岡あたりへ出かけてしばしば国会議員県会議員の猛烈な選挙運動に参加した。無論運動費が出たから動いたのであるが、割合に真面目な本気な運動者が多かった、殺されたものもある。負傷したものもある。入獄したものもある。

この選挙運動の時は団体の全部が出ても人が足りない事もあった。そんな場合は他の各所に散在せる壮士の団体から人員を招集したのであった。またある時は他の団体から運動の口のかかって来た場合もあった。そんな風であったから、選挙の時は歌の読売はほとんど中止の姿であった。読売は平時の仕事であったが、選挙法改正以後、社会改良主義に傾き、ついに純読売団に化してしまった。この団体の流れを汲んで来たものが、今日の読売業者なのである。

民権運動以前の新流行歌

いわゆる新流行歌すなわち「壮士節」は自由民権運動の産物には相違ないがその以前において、すでに形式も内容もともに、やや新しいものがあった。それは故品川弥次郎氏の作なりという、「都風流《みやこふうりゅう》トンヤレ節」である。

宮《みや》さん〳〵お馬の前に、ちら〳〵するのは何《な》んじやいな
アレハ朝敵征伐せよとの、錦《にしき》の御旗《みはた》を知らないか
トコトンヤレトンヤレナ。

このトンヤレ節は戊辰の役に、官軍の士気を鼓舞する目的で作歌されたもので、一種の軍歌ともいうべきものであったが、干戈《かんか》おさまって天下泰平なる明治の初年まで盛んに流行し、一般民間の流行歌となった。

又其《そ》のほかに

書生々々と軽蔑するな
明日は太政官のお役人

などというのが、当時の青年間に謡われておった。今なお老年者の中《うち》に覚えている者が幾らもあろう。

一片の俗謡《ぞくよう》でよく時代の思潮を覗う事が出来る。今日の書生も、明日はヒョイと太政官のお役人に成れたのだ。この思潮に棹《さお》さして進んだ者が今の元老という者である、故桂公の如きも、生前立志談中にこの歌を引用して「こんな時代であるから役人に成ろうと思えば容易であったが、吾が輩は軍人で身を立つべく決心

が固かったから役人にならなかったのだ」と述べた事があったくらいである。後にはこの歌が

書生々々と軽蔑するな
フランスのナポレオンは元は書生
書生々々と軽蔑するな
大臣参議は皆書生

などと様々に謡い替えられて流行した。

その後、川上音次《（ママ）》郎氏の「オッペケペー」や「改良節」若宮萬次郎氏の「日清談判」というのや、青年倶楽部の「ヤッツケロ節」「愉快節」「欣舞節《きんぶ》」などが続出した。「オッペケペー」は川上氏が大阪で、桂文之助と名乗って、落語家《はなしか》をしておった頃、後鉢巻陣羽織《うしろはちまきじんばおり》をいういでたちで、高座で謡ったものだが後には木版刷りの小本《こほん》にして、書生が街路で読売を始めた。

若宮氏の「日清談判」は「欣舞節」の初めで「ヤッツケロ節」「愉快節」などは青年倶楽部の創作である。

この頃の歌数種を抜く。

○オッペケペー節

漢語使ふて開化ぶり。パン食ふ計《ばかり》が改良じゃない。皇国《みくに》の権利を拡張し。国威を張るのが急務だよ。智識と智識の競《くら》べあひ。キョロ〱しては居《お》られない。究理と発明の先がけで。異国におとらずやつつけろ。神国《しんこく》めいぎだ日本ポー。

○改良節

▲野蛮の眠りのさめない人は。自由のラッパで起したい。開化の朝日は輝くぞ、さましておくれよ長《なが》の夢。ヤツテケモツテケ改良せー〱

▲思ふ一念岩をもとをす、軒《のき》のしずくを見やしやんせ。国民一致の力なら。条約改正何《なん》のその。鷲《わし》でも獅子でも鯨でも。少しも恐るる事はない。ヤツテケモツテケ改良せー〱

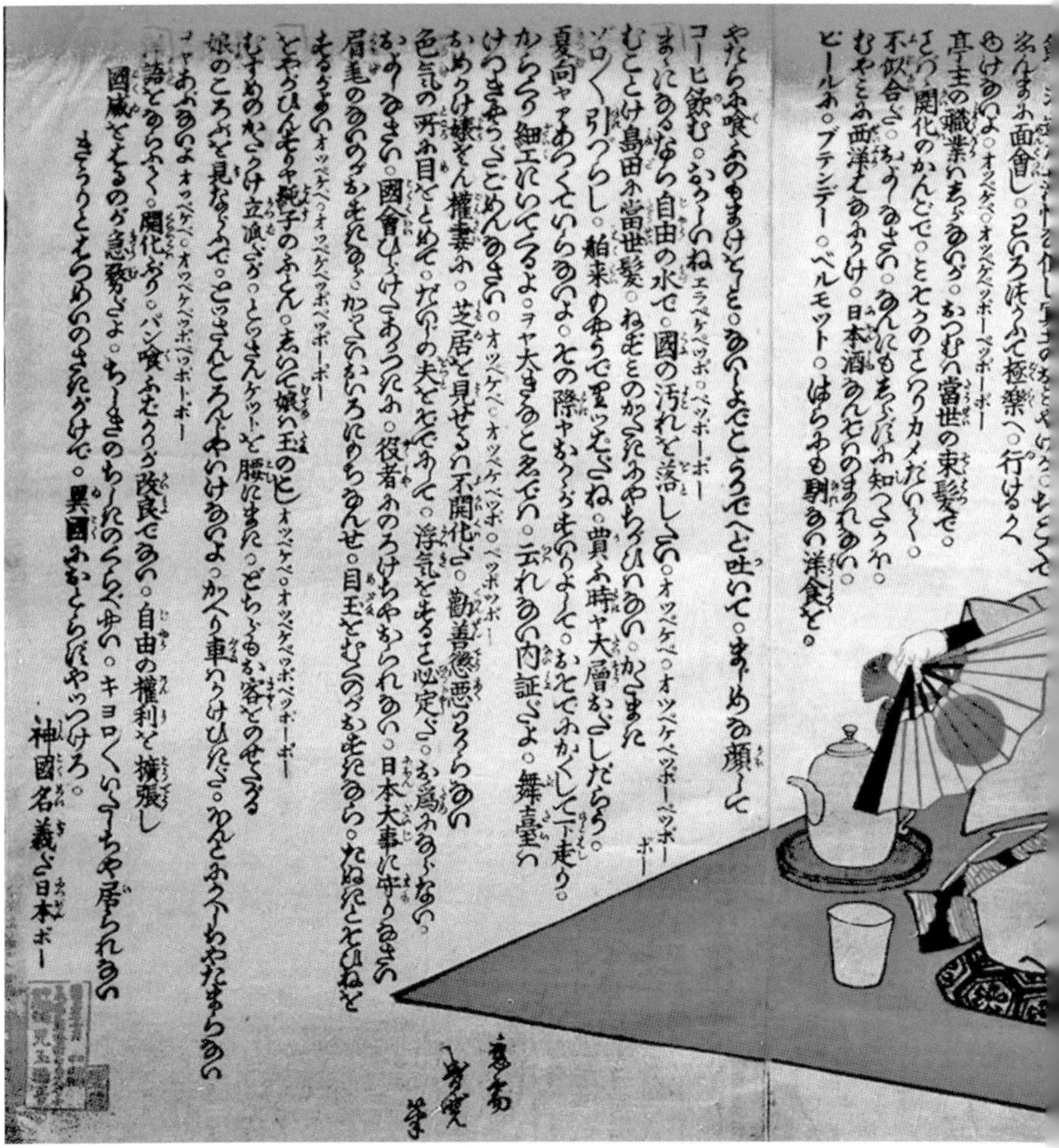

川上音二郎のオッペケペー節を伝える錦絵。
(東京都立中央図書館特別文庫室所蔵「当世穴さがし　おっぺけぺー歌」)

▲鳥も鳴きます夜は明けました、起きて下《く》だんせ此方《こち》の人。追々世の中進歩して。立憲政治の御代《みよ》となり。国会既に開れて、君の為めなり国の為め。民の為とて評議する。商法やみん法の御きそくも、世に出る期日はちかづいた。条約改正もまのあたり。ぼんやりして居ちやいけないよ。日本に生れた人ならば、勇気を出さんせ。起きなんせ。国の為なりをのが為め。ヤツテケモツテケ改良せー〱

▲鼻唄謡つてベランメー。権利もへちまもあるものか。己《お》れつちやエヘンと済《すま》すのは。旧幕時代じやいざ知れず、日に月進む文明の此の世は中々渡れない。理屈と理屈のたゝかひで、腕力ばかりじやいけないよ、開化の空気を吸ひこんで、野蛮の気風を払はんせ自由のけんりがありながら、自由の権利を知らないは、目玉があつても明盲目《あきめくら》。何にも成らない節穴だ、心あつても無き如く、石の地蔵にさも似たり。老人《としより》や仕方がないけれど、若いみそらの人達はせつせと学校へ通はんせ、読書《よみかき》そろばん覚えても、決して損にはなりやすまい。日本に生れた人なれば、勇気を出さんせ起なんせ国の為めなり己のが為め、ヤツテケモツテケ改良せー〱

以上の数種は川上音次《(ママ)》郎氏の作歌である。その他青年倶楽部の創立者久田鬼石氏らの作った「推量節」というので絹布《おかいこ》ぐるみのいでたちで、洋語交《まじり》でべらべらと、やらかす顔つき大層だ、素敵に学問出来さうだが、掛けた眼鏡は何の為め、人に見られぬ青色で、下つた目尻の予防法、延《のば》したお髭は何の役畑の案山子じやないけれど、上辺計《ばかり》のコケ威《おど》し、手紙もろく〳〵書き兼ねて、かくのはいつも恥計り。推量してくれやせるわい。

又は『堪忍節』といふので、これに似寄《によ》りの歌もあった。これらが憲法発布前後の新流行歌であった。

初期の議会以後、又歌の調子が著しく変って『ヤッツケロ節』『無茶苦茶節』などすこぶる無骨なものになって来た。元来無骨一片の壮士が編笠《あみがさ》を被ってツンツルテンの筒袖着物に太い兵児帯《へこおび》で、犬殺し棒の様な太いステッキを振り廻し、当時の人はこれを「ヤッツケロ壮士」といった。

当時の歌を二三挙げてみる。

○ヤッツケロ節

見せてやりたい世界の人に、敷島男子の鉄腸《はらわた》を、コラサノサ、二千五百有余年。固め鍛へし鉄石心。イツカナ動かぬ大丈夫《ますらお》の。心は千々に砕くとも。屍は野辺に晒すとも。君の御為め国の為め。捨つるは此の身の本分と、一歩も譲らず進み行き、鉄壁たりとも何のその、日本刀の切れ味で、片端から、ヤッツケロー

○無茶苦茶節

▲無茶苦茶だわからない、腐敗した堪らない、此頃社会の状況は、道徳全く地を払い、人情紙より薄くなり、怪聞日々に絶間なく、正邪善悪わからない、暗黒世界をたゞさんと、憂世悲憤《ゆうせいひふん》の血涙で造り出したる自由党、南海唯一と名も高き、渋味をぬいたかきの実と、忠君愛国赤心《まごころ》の、大和胆《やまとぎも》とを配合し、効験著名の自由党。各々競ひ味ふて、卑屈の眠《ねむり》を醒しつゝ、政治の思想を引起し、自由の権利ををしひろめ、社会に害なす怪物や、悪魔をドシ〱ヤッツケテ、国の光を輝かせ、早く味《あじわ》へ自由党、いやだなんぞとにがい顔、わからぬ事を言ふ奴は、ほんとに心がわからない

▲乱暴だわからない、干渉だ、堪らない、見よや二月の総選挙、熊本石川佐賀高知、其他何処の選挙区も、民吏二党の競争で、殺風滔々《さっきとうとう》天を衝き、品川風《かぜ》の物凄く、無頼の悪徒群《わるものむらが》りて、白昼兇器を振廻し、選挙場裡《じょうり》をふみにじり、人家を壊《やぶ》り血を流し、狼藉《ろうぜき》極まる振舞を、しらぬ顔してすまし込み、或は煽動使嗾《おだてそそのか》し、正義の志士を苦めつ、罪なき良民なやまして、社会の秩序を

紊乱《びんらん》し、殺伐野蛮の悪弊を、造り出《いだ》して照代《しょうだい》の、立憲政治の体面を汚しておの前はどうするへ、言論自由の今日に、圧制されては堪らない、干渉されては堪らない、これが『生首政治』かい、ほんとにさうならわからない

歌の数はまだあるが、これで充分に過去の無骨な風俗も政海《せいかい》の潮流も覗い知る事が出来る。

次に『ゲンコツ節』『うきよ節』などが生まれ、続いて『欣舞節《きんぶ》』『愉快節《ゆかい》』が生れた、何れも皆青年倶楽部の創作である。此の『欣舞節』と『愉快節』の流行は、約二十年間も続いておった。只歌の内容が時勢に連れて変化して行くのみであった。

最高潮に達した国民の政治熱は、漸次下火に成ったが、明治二十四年頃から又一時政論時代になって、寄ると触ると政治上の議論をしていや民権がどうの、やれ自由がこうの、立憲政治はそんなものでないのと、まるで気狂いの様であった。

この政論時代に於ける『政費節減』『民力休養』『条約改正』『来島恒喜《くるしまつねき》』等すべてヤカマシかった重要問題は、何れも青年倶楽部の読売歌になった。

次に明治二十六年頃、西洋崇拝熱を嘲罵《ちょうば》した国粋保存主義の歌があった。しかしそれは永続《ながつづき》しなかった。

間もなく単騎遠征を行《や》った福島中佐（今の大将）歓迎の歌と、郡司《ぐんじ》大尉の短艇《たんてい》遠征の歌とが大いに流行した。

日清戦争時代や日露戦争時代には戦争の歌ばかりが盛んに謡われておった。それも『欣舞節』と『愉快節』がその大部分であった。日清戦争より日露戦争の十年間に新しく生れたものは『天籟《てんらい》節』『元気節』『四季の歌』(春は嬉しや)『ストライキ節』『ラッパ節』等である。日露戦争以後十余年の間に流行したのは『あゝ夢の世』『あゝ金の世』『あゝわからない』『野口男三郎の歌』『野口曾恵子の歌』『不如帰の歌』『金色夜叉の歌』『ハイカラ節』『マガイー節』『むらさき節』(チョイトネ)『新どんく節』『奈良丸くづし』『チョイトく節』『新オイトコ節』『眞ッ黒《まっくろ》節』『カチューシャ節』『かまやせぬ節』『現代節』という風に、流行が遷り変って来て、今度の『新くれ節』や『青島節』が流行するに至ったのである。頁数に限りがあるから只概要のみに止めておく。

時代の影を唄に廓《くるわ》の花散る日——唖蟬坊

※この資料の底本は、国立国会図書館近代デジタルコレクションに拠ります。なお、本文は一部を除き新字・現代仮名遣いに改めました。
(編集部)

☆出典　『文藝倶楽部』19巻13号　大正2年（1913）10月1日号（博文館）掲載

資料❷

路傍《みちばた》の流行唄《はやりうた》

谷人生

バイオリンと嗄《しゃが》れ声

縁日の夜とか、何か事あって群集の寄りつどう所とか、又は祭礼などに、露店も見世物の掛屋《かけや》も出ていない空地《あきち》で、一人もしくは三四人の青年が、破帽《はぼう》を真深《まぶか》に冠《かぶ》って嗄れ声を張り上げて、バイオリンに合して流行歌を歌っているのを諸君はしばしば見たであろう。しかしてその流行歌を唱う青年から、私どもは何々の苦学生である、学費を得んがために親不孝な声を出し、夜とはいえ皆さんの前へ這麼面《こんなつら》を曝《さら》しているのである、宜しく御同情あってこの流行歌の本を一冊でも二冊でもお買い求め願いたい、というような意味を長々と聞《きか》された事もあろう。

かの青年達は真に苦学生であろうか、夜一生懸命で声を嗄《か》らして儲けた金で、晨《あした》に袴をつけて本包《つつみ》をもっていずれかの校門を潜《くぐ》るであろうか、これは誰にでも当然起るべき疑問である。世には苦学生という美名の裏に隠れて、様々の悪事をなす者《やから》もあり、近頃、苦学生なるものに同情する人心のだんだん減って行ったのは悲しむべき事実である。果して然らば流行歌で口を糊している一団は、どんなものであろう。

堕落生と苦学生

曰《いわ》く苦学生である、曰く苦学生でないのである。チト不得要領の言葉だがつまり苦学生もあるし、偽者もあるというのである。しかし十人の内九人まで、否百《いな》人の内九十九人まで苦学生でないので、真の苦学生は甚《はなは》だ少ない。

元来この商売は堕落生が糊口に窮して始めたもので、追々類をもって集まる不真面目な連中によって、発展したのであるから、どっちかといえば真の苦学生の方が外様《とざま》で、少ないのも敢《あえ》て不思議でないのだ。

却説《さて》、流行歌のみで生活している一団は、大道芸人などと一緒に視《み》られて、ある特種の約束のもとに香具師《やし》仲間へ這入《はい》っている、従がって、仲間同士の談話《はなし》になると、吾人《ごじん》が本誌七月号（※『文藝倶楽部』大正二年七月号――編集部注）で紹介したゴールド会社の中にある符牒《ふちょう》と同じ香具師符牒《なかまふちょう》を使用《つか》っている。

彼らの素性を洗って見ると、大抵相当の教育あるものばかりで、中には地方の中学を卒業した者もあるし、東京の専門学校を中途退学した――された――ものもある。失恋の結果自暴自棄に陥《おちい》って仲間に這入ったものもある。いろいろあるが、皆相当の教育あるがために、いう事する事が無智無学な他の香具師とは、異っていて、会って話して見ると案外に感心することがある。目下下谷山伏町《したやまぶしちょう》という有名な貧民窟《くつ》に蟠居《はんきょ》している斯界《しかい》の親玉添田唖蟬坊の如きは、中々エライ男で一寸《ちょっと》普通人と異《ちが》っている。

流行唄《はやりうた》の作者

添田唖蟬坊はかつて高等学校の門も潜《くぐ》った事がある。ところが生れついての多血漢で、一時堺枯川《さかいこせん》や木下尚江《しょうこう》等の唱えた社会主義に心酔し、それから気が変になって学問を止めてしまい、自分の作った俗謡《うた》に自らよい加減な節をつけて呼売《よび》りする身と成り下った。これで彼の理想が貫通《とお》ったのであるとか、彼は目下富貴に媚《こび》ず、栄達を希《ねが》わず、毎日筆を執って新らしい流行歌を作っている。

其麼風《そんなふう》であるから、唖蟬坊の作った俗謡には悲痛な貧民に同情したものが多い、昨年流行《はや》ったチョイトネ節（一名紫節）などにはいくらも貧民の生活状態を唄い、かつ同情したものがあった。紫節の作者はいうまでもなく唖蟬坊である。

いろいろ苦労しただけあって、中々義侠心があり、喰うに困って什麼《どう》か頼むと転《ころが》り込んでくると否応なしに置いてやる。だから唖蟬坊の宅には何時でも四五人の書生風の男がごろごろしている。宅と言っても山伏町の長屋で古く汚れた畳が六畳敷いてあるだけ、その狭い所に五人も六人も蠢々《うようよ》している有様は、どうしても梁山泊《りょうざんぱく》だ。唖蟬坊の収入は人知れず、思いの外にたんまり這入るのであるが、彼は立派な邸宅に住むのを愚だと心得ている、そんな見栄を張る気がないから、かかる陋屋《ろうおく》に住んで満足の笑《えみ》を洩らしている、見栄を張る虚栄に憧《あこが》るる輩は正に愧死《きし》すべしだ。

唖蟬坊の住んでいる附近は二百に垂《なんな》んとする長屋が蜘蛛の巣の如く乱れている。ここでは朝夕に夫婦喧嘩や隣同士の紛争やらが絶えず、時には血を見る事もあり、交番の巡査はその度毎に仲裁の労を取ったり、原因を取調べたりせねばならぬが、あまり事件が多過ぎるのですっかり手古摺《てこず》ってしまい、何時頃《いつ》よりか唖蟬坊に喧嘩の裁きを一任するに至った。で近頃は長屋に事件があれば交番へ訴えずに唖蟬坊の所へ持ち込んでくる、すると唖蟬坊は早速現場に乗り込んで黒白を明《あきらか》にしてやる、裁判が当を得ているせいか、それとも唖蟬坊に徳があるのか、彼が是非曲直を分《わけ》るとどんなに猛《たけ》り立っている奴でもヘイヘイと閉口《まい》って了《しま》うそうだ。多くの無頼の住民から先生〳〵と立てられ、一同を一喝のもとに慴伏《しょうふく》せしむる唖蟬坊もまた豪《えら》いではないか！

海老茶式部堕落の巻

流行歌の作者は前記の添田唖蟬坊の外に、神長瞭月《かみながりょうげつ》、石川曲峯《きょくほう》などがある。神長瞭月は青年倶楽部というものを組織して、矢張《やは》りおのれの作歌を印刷したものを売らしている。本人の自家広告に、巌谷小波《いわやさざなみ》氏はお伽文学で大成した人である、自分は田舎から出て約十年の辛苦、赤手空拳《せきしゅくうけん》よく俗謡をもって今日の成功を得たものであると吹いている。小波氏と自分とを比較する所は大した度胸である。少年文学でもそれで成功したからエライ、俗謡でもそれで成功したからエライ、なんでも成功さえすれば可《よ》いのだという意味らしいが、斯うした自己広告は偶々《たまたま》おのれの不明を露わすもので、吾人の眼から見れば唖蟬坊の方が一段上のように思われる。

石川曲峯については聞く所が少ないため書く事が出来ぬが、田舎出の女学生が都会の悪風に染みて、遂にある中学生と情交を結び、父母が汗水垂らして得た金で学事を外に浮れ歩く内に堕落した事が田舎に聞えて学費の途が絶え、身の振方《ふりかた》を男に相談せんと訪ねて行くと男は既に身を隠している、時に早く人目を忍ぶ五月《いつつき》の腹、失望と悔悟とで到頭《とうとう》川へ投身して死ぬという、一条の極くありふれた物語を『人生僅《わずか》に五十年、妾《わらわ》は今年十九歳、プラスマイナス差引ば、エコール三十と一残る』ってな風に作った、松の声（一名海老茶式部堕落の巻）というのが、この曲峯の傑作だという。松の声は題材が既に学生の好奇心を惹くに足る、それに頗《すこぶ》る大甘《おおあま》に出来ているので一時は非情に歓迎されたものだ、今でも相当に売れるそうだ。

歌の種類と売行

歌の種類は中々沢山あるが、大別すると比較的生命の永いものと、流行歌《はやりうた》の名に背かぬ極く短生命のものとある。

比較的生命の長いものは、有名な小説などを歌に焼直したもの、即ち、不如帰《ほととぎす》の歌、己《おの》が罪の歌、金色夜叉の歌、想夫憐《そうふれん》の歌、肉弾の歌……などで、就中《なかんずく》不如帰の歌は、小説の不如帰が不朽の生命あるが如く、随分古くから今だに生命を保っている。『……ああ浪《なみ》さんよ何故死んだ、僕は夫の武男《たけお》じゃぞ』口語調の悲哀の胸逼《むねせま》る歌をよく耳にする。それから一世を騒《さわが》した事件を歌ったもの、即ち、野口男三郎の獄屋《ごくや》の告白、藤村操を歌った華厳《けごん》の嵐などがそれである。

パッと流行ってパッと消えるものには、二三年前天下を風靡した、マガイイ節、それから紫節、近頃流行って最早《もう》下火になったドンドン節などがそれである。古い事を調べたらトコトットという喇叭《らっぱ》節の流行った事もある。

近頃浪花節の盛運のためか、流行歌まで浪花節を加味している。ドンドン節などは一名圓車《えんしゃ》くずしと称して、三河家圓車《みかわやえんしゃ》の得意の一節を応用している。奈良丸くずしは吉田奈良丸節を真似ている。

偖《さ》てこの売行《うれゆき》だが、比較的生命の長いものは什麼《どう》しても一時にパッと売れない、流行歌は売れる期間が短いだけに、流行の最中《もなか》となれば面白い程売れる、それはその筈であろう。マガイイ節が流行った頃、一人してある祭礼の日に十円以上売ったという話を聞いた。普通でも縁日などで三四円の金を揚げるには大した骨でないといっている。

資本はいくら入《い》る乎《か》

資本と言った所で大した事はない、古くてもよし、損《いた》んでいてもよいからバイオリンが一挺《ちょう》、バイオリンがなければ手風琴《てふうきん》でもよし、明笛《みんてき》でもよい、歌に合《あわ》する事が出来れば、楽器の種類は何《な》んでもいいのだ。それから歌の印刷物を買う金が四五十銭あれば、それで今夜からでも商売が出来る。

歌を印刷したものは、一部三厘から五厘までで、際物《きわもの》（ドンドン節のようなもの）は高くて五厘、普通物（不如帰の歌のようなもの）は安くて三厘ぐらいで作者兼版元――唖蟬坊、瞭月等を指す――の所から買って来て、それを客に売る時は、際物は一部三銭二部五銭の割《わり》、普通物は五六部もいろいろ取交《とりま》ぜて八銭とか十銭とかで売る、勿論客の希望によって一部だけでも売るが、その時は一部二銭ぐらいで売っている。

這麼《こんな》具合だから、一晩に際物を百部売ったと仮定すると三円近くの金が揚《あが》り、元価の三十銭を差引けば二円何十銭という利得となる、際物を百ぐらい売るのは易々《いい》たる事で、その他の売揚げと合《が》っすれば、一夜に確《たしか》に三四円の純益を得る事が出来る。併《しか》し、この位得るにはどうしても三人がかりで、一人がバイオリンを弾き、一人が唄い、一人が歌の印刷物を売って廻るという風に手分けしているので、一人の収入は一円某《なにがし》となる。それにしても呑気なボロイ商売であるまいか。で若《も》し彼等にして標榜せる苦学を実行せんとすれば、出来ない事はない、それだけの余裕は確にあるのだけれど、酒を飲み、怪しい女の媚《こび》を買いなどして、折角得た金を水にしてしまうのである。

※この資料の底本は、日本近代文学館所蔵資料に拠ります。なお、本文は一部を除き新字・現代仮名遣いに改めました。（編集部）

コラム——演歌師と縁日と

その昔そのまた昔の東京の話です。

明治大正年代の思い出を綴る本の中に風物詩だった物売りの話があります。

例えば「豆腐屋のラッパの音、納豆屋、ふきまめ、辻占売り、あんま、朝顔、鯉、千金丹売り、枇杷葉湯《びわようとう》売り、生菓子、七味唐辛子、楊梅《やまもも》売り、牡蠣売り、山オコゼ…」（寺田寅彦「物売りの声」）。商う数だけ売り声があったのでしょう。

生CMといったところですね。

暮らしの中に聞こえる売り声で庶民は時刻を察したり季節を感じたりしたともいいます（安藤鶴夫『昔・東京の町の売り声』）。

そうした光景を詠んだ川柳が、

〈町々の時計になれや小商人〉

さて、演歌師の売り声（歌声）を聞いた人々も思い出を書き残しています。演歌師が縁日とゆかりがあることが分かる記事を紹介します。

大正年代に少年時代を神田で暮らした作家、永井龍男氏が綴った一節。

演歌師のヘラヘラした歌声と、やたらにギイギイ鳴らすバイオリンとは、どうしても夏場のものだった。バイオリン片手に、歌の文句を印刷した薄っぺらの本売りとが一組で、衣類はとにかく大学生用の角帽をさも苦学生らしく、かぶっているのが定石だった。縁日の外れでは人垣の中で歌い、病院の看護婦目当てに、木立の多い駿河台を流して歩いた。

（永井龍男『東京の横町』所収「神田の風物」講談社）

ヘラヘラ。わけもなくおもねる様子。面白がらせようとギイギイと下手な伴奏でもあったのか。苦学生らしいファッションに清潔感はありませんが、それでも人垣ができる華があったんでしょう。

次は銀座生まれの国文学者、池田弥三郎氏の本から。

> 街に出ればまだまだ演歌が盛んで、夜の縁日の露店のはずれには、決まって人の輪ができていて、ギコギコ、バイオリンをひきながら、壮士風の人が歌っていた。それは、船頭小唄・籠の鳥・復興節・月は無情・すととん節などであった。そして、右のどの歌も、学校ではもちろん歌うことは禁じられていたが、家庭でも、歌うと母にきつく叱られた。
>
> （池田弥三郎『聴いて歌って』旺文社）

大人に叱られると、かえって子どもの冒険心はくすぐられそうです。縁日の露店のはずれというところに、メインとは別な存在感がただよっています。

戦後刊行された民俗学事典で「縁日は都市的なものとして発達したが、それは宗教的というよりはより多く経済的な面において重要であり、社寺を中心とする市や、門前町への前段階的のものとして重要」と書かれました（柳田國男監修『民俗学事典』東京堂、一九五一年）。

縁日の歴史で古い東京が偲ばれます。

演歌師と縁日について、啞蟬坊の息子、添田知道氏がインタビューでふれていましたので紹介します。

——先生の時代でもやはり街頭でな

さったわけですか。
添田　そうなの。それから縁日に行ったり、いわゆるタカマチというお祭り行ったりね。それで私が神田中心だったんだ。五十稲荷ね。三崎神社、一六稲荷というのがあってね。（「月刊歌謡曲史研究」一九八一年追悼号再録より）

五十《ごとう》稲荷神社。

神保町古書店街から少しあるいた所にあります。大正時代の大震災が起きるまでは二百坪にわたる境内地があったと由緒書きにあります。縁日は毎月五と十の日に立っていたそうです。

五十稲荷神社（千代田区神田小川町）この日は看板娘よろしくアジサイが見事に咲いていた。

三崎《みさき》稲荷神社。

JR水道橋駅からすぐ。昔の縁日についてお訊ねしたところ、幸いにも三崎町の歴史を綴った本をご案内いただきましたので探してみると、「三崎神社の縁日」の記事に演歌師が出ています。

「艶歌師（うす化粧などした堕落学生が多かった）は袴をつけ、白いお釜帽子を目深かに顔をかくし、バイオリンをギコギコさせる。流行歌はいろいろ。〃なんて間がいんでしょう〃など、低俗なものが多く」（鈴木理生著『明治生れの町神田三崎町』青蛙房刊。引用の出典は「鎮魂譜」）。

艶という字から、先ほどのへらへらやら、叱られた子どもの話が結びつきます。

神社と同じ町内で古くからお店を営む方に縁日のことをうかがうと、その方が子どもの頃に戦争が始まって縁日どころではなく、敗戦後もしばらく物がなかったので遠のいたものの、神田の縁日をはしごした(!?)思い出をお持ちでした。

そんな三崎町が、次第に大学が所々に建って行き、そのぶん町内会の人は少なくなったのだそうです。かつてにぎわった所が、お互いの顔が見えなくなりつつあるのは寂しい話です。

さて、戦前までの呼称で神田区だった地域だけでも十三カ所の社寺の縁日が記録されています。

神田区
五十稲荷（表神保町）5、10の日
三崎神社（三崎町）9日
三社稲荷（松富町）2、5、18日
賀来神社（淡路町）3、7の日
稲荷（豊島町）3、23日
御獄神社（今川小路）9、27日
金刀比羅（竜閑町）9の日
毘沙門（富山町）6、9の日
毘沙門（小柳町）6、26日
毘沙門（東松下町）6の日
毘沙門（駿河台秋元邸）寅の日
不動（東松下町）2、13、17、20、27日
不動（松富町）17日
（槌田満文編『明治東京歳時記』青蛙房）

これだけあったなら写真は残っていないものか。短絡的なことをでうかがうと、

「今と違って誰でもカメラを持っていたわけじゃないからねぇ。」

他ではこういう返事もありました。

「記念写真をわざわざ撮るようなものではなくて、お小遣い持ってちょっと行ってくるっていう感じでしたよ。」

今回うかがった中に演歌師を見た方はありませんが、子どもの身近な遊び場

だった縁日にかつて演歌師が商売をしていたのはたしかです。

仕事帰りに夏祭りに出くわすことがあります。スピーカーの割れた音で東京音頭が大通りにまで聞こえてくるとわくわくします。

唖蟬坊の詞から受ける印象では、ヘラヘラした歌声ばかりではなく、お涙頂戴もけっこう多かったのではないのかと思うのですが、詳しくは分かりません。

タイムマシンがあったらなァ。

演歌師が縁日の一風景であった様子が伝わる随筆をもう一つ紹介します。

東京の子供たちの胸おどらせるものの一つに縁日がある。縁日は夜寒の身にしみいるころよりは、葉桜の茂りに毛虫がおぞましく動きはじめる季節から、梅雨あけの藍浴衣、今年の売出しは雪に花火の新柄が眼だったという噂がひとしきり女の口の端に上るころ、そしてようやく灯火のいろの濃く感じられてくる秋口の、鈴虫、がちゃがちゃ、きりぎりすの虫籠が、風鈴やしのぶにとってかわる季節にかけてが、一番なつかしさを唆りもするし、その子供たちがやがて大人になり、つい浮世のたつきに紛れて夢を失いかけてきたころ、ふと、とんでもないおりに感傷の一節を思出しもする。（略）カンテラも灯っていない暗のなかでは——暗といっても灯火の明るみでほのかに目鼻はみえるといった場所を選んで、さまざまな芸能人が声をはり上げる。それも今の縁日からすがたを消したものに尻とり早口の豆蔵がある。バイオリン片手の艶歌師がる。（奥野信太郎『随筆東京』東和社、一九四六年所収「縁日」）

啞蟬坊演歌③

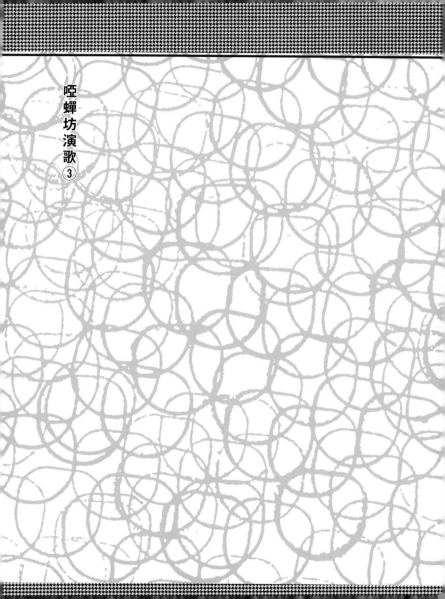

ストライキ節

作・横江鉄石　不知山人（唖蟬坊）

自由廃業で廓は出たが　ソレカラナントショ
行き場ないので屑拾ひ　ウカレメノ　ストライキ
　サリトハツライネ　テナコトオッシャイマシタネ
高利貸でも金さへあれば　コリャマタナントショ
多額議員でデカイ面　アイドンノー　ヂスライキ
　サリトハツライネ　テナコトオッシャイマシタネ
星をさゝれて千枚張の　コリャマタナントショ
面も少しはショゲかへる　シュウワイノ　シリワレテ
　サリトハツライネ　テナコトオッシャイマシタネ
工事誤魔化《ごまか》し　コリャマタナントショ
芸者ひかして膝枕　シュウワイノ　シリワレテ
　サリトハツライネ　テナコトオッシャイマシタネ

《といふのが「東雲節」の代表歌詞であることは、今さらいふまでもないが、何がさて、この七七七五調はわが俗謡歌詞の基本調ともいふべく、都々逸の文句をはじめとして、何でも手ッ取り早くこれにあてはめることが出来るので、その流行は急速に蔓延したわけであろう。なほこのほかにも坊間には「巷説救世軍」という講談や、「救世軍廓之今様」といふ芝居が興行せられたりして、自由廃業運動は世間の視聴をひいた。》(毎日新聞社サンデー毎日編集部編『生きている歴史』所収「東雲のストライキ」より。教材社、一九四〇年)

※東雲節またの名ストライキ節。明治三十年代後半、全国で芸妓は二万四千、娼妓四万、酌婦三万四千いたといわれる。

(写真) 台東区立中央図書館蔵「新吉原花魁道中角海老大巻(明治時代)」

あゝ無情

おぢさん隠して下さいな　わたしゃ死んでも去《い》にませぬ
　木綿の機《はた》も絹機《きぬはた》も　どんな機でも知ってます
塩でお粥を啜っても　わたしゃ織子《おりこ》でゆきまする
　鬼みたやうな継母《おかさん》と　畜生のやうな兄ゆゑに
売られてちょうど満《まる》二年　紅《べに》白粉と綾絹《あやぎぬ》で
　涙となげき押しかくし　氏《うじ》も素性も気ごころも
知れない人に夜《よ》をこめて　くやし情をなぐさまれ
　昼は無慈悲な人々の　機嫌気褄《きずま》をとりどりに
心砕いたその上に　姉ともたのむ人の恩
　わすれぬ情の立引や　新造の眼色顔の色
通ふ廊下の草履にも　流す湯殿《ゆどの》の小桶《こおけ》にも
　さがない番衆《おとこ》の口の端《は》に
かゝらぬ胸のはたらきや　思ふてみれば思ふほど
　はづかしいやなうき勤め　もし両親《ふたおや》が居られたら

女子《おなご》番頭でいまごろは　五十の機の昼夜鳴る
　織場で帯や錦織る　女の衆にたてられて
暮してゐように浅ましや　思ふてみれば思ふほど
　はづかしいやなうきつとめ　深山《みやま》の奥で雪をわけ
炭の俵を運ばうが　浪《なみ》は磯うつ島の夜を
　網をばすいて更《ふ》かそうが　りちぎな人につれ添ふて
心のどかに住む人が　わたしゃ却ってうらやまし
　清い実《まこと》の名を捨てて　似而非《えせ》雅《みや》びたる名をもらひ
腸《はらわた》もない浮かれ男《お》を　心にもなく呼びとめて
　はづかし厭なうきつとめ　あんなところへ来る人は
山師《やまし》もちにげ怠《なま》けもの　それこそ心獣《こころけもの》にも
　劣る男のかずかずを　いづれお客の情けなさ
あだなそぶりもせにゃならぬ　思ふてみれば思ふほど
　はづかし厭な憂きつとめ　かりにも心あるものの
できる業《わざ》ではありませぬ　金はかせいで返します
　おぢさん隠して下さいな　わたしゃ死んでも去《い》にませぬ

新磯節

沖の真ん中に　白帆が見ゆる　船は帆まかせ　帆は風まかせ
　わたしゃ　あなたの　心まかせに　なる身じゃないか

飛んだいたづら　あの宙返り　命ナイルス　それ見たことか
　怪我で　スミスも　梶の鳥真似　ちょとやりそこね

佐渡の四十九里　昔のことよ　今じゃアメリカ　ロシャまで渡り
　弱い女が　アイラブユーとは　えらいもんじゃないか

袖しぐれ（野口曽恵子の歌）

桐の一葉《ひとは》に秋ぞ来て 早《は》や二月も過ぎ去りぬ 獄《ひとや》に在《をは》す郎君《きみ》が身は 如何に淋しき事ならむ 夫《そ》れのみ気にかゝり 夜《よ》もをち〳〵眠られず 過ぎ越し方や行末を 思ひ出《い》でゝは独り寝の 枕も熱き涙にて 湿《うる》ほす事もあまた度《たび》秋やう〳〵暮れかゝり 四方《よも》の山々紅葉《もみぢ》して 照る日まばゆく輝けど 燃ゆる 妾《わらわ》が此《この》胸の 赤き思ひに比べては いづれも色の数ならず 瑠璃《るり》と澄みたる大空に 鳴く 雁《かりがね》を聴くにつけ 獄の郎君のなつかしく まがきに唧《すだ》く虫の音を 聴くにつけても悩む身を 鳴くかとばかり思はれて 庭の小草《おぐさ》に打ち臥しつ 泣きにし事も幾度《いくたび》ぞ

此世に郎君と妾ほど 思へば奇しき運命に 糾《あざな》はれたる者はなし 旧《ふる》き道徳《をしへ》や人の世の 冷たき掟に隔てられ 世の淋しみを味《あじは》ひつ 心ならずも石女《うまづめ》よ 恋知らずよと歌はれて 世をも人をも呪ひつゝ、 妾は過さん身なりしを 一たび郎君の温《あたた》かき 情の血汐《ちしお》に触れてより 初めて出づる女気《おんなぎ》や あじきなき世の恋すれば 斯《か》くも楽しきものかやと 長《なが》の迷ひの夢もさめ 花の 朝《あした》に月の夜に嬉し

く楽しく暮せしも　小鹿《おじか》の角《つの》の束の間や　恋しき郎君は忌《いま》はしき　罪を犯して囚はれの　憂身《うきみ》となりし悲しさよ　あゝ肉親の兄上を　殺されしかと一と時《とき》は　憎み怨みもしたれども　これ皆妾を愛で玉《たま》ふ　深き心と知られては　怨み憎みも消へ失せぬ　恋に刃向《はむか》ふ刃《やいば》なし　二人の間《なか》に結ばるゝ

清き情《なさけ》に較べては　親の情も骨肉の　情もなどか及ぶべき　たとへ別れて住めばとて　昔も今も異ならぬ　妾が心を知りもせで　ほかに男のあるが如《ごと》　根もなき事を言ひふらす　人の口こそ恨めしや　さはさりながら未来永遠《すえながく》　互ひに心変らずば　縁《えにし》の糸はいと堅く　二世《せ》も三世《せ》も解けやらぬ　天下晴れての夫婦《めおと》仲

もはや郎君には刑場《しおきば》の　露と消へぬる運命に　陥《おちい》りたまふ事なるか　聞くも悲しき音信《おとづれ》や　情《じょう》の絆を切り離す　むごき法律《おきて》の恨めしや　恋しき郎君に先だゝれ　何《なに》楽しみに生存《ながら》へん　妾も郎君の跡追ふて　胸の悶《もだ》へを癒さなん　つれなき浮世に只ひとり　淫奔者《いたずらもの》よ罪人と　人の譏《そし》りを受《う》くるより

罪人なれば罪人と　手を取り合ふて死出《しで》の山　三途の川を渡らなむ　かくは覚悟をせいものゝ　風さへ浪さへ荒き世に　君子《きみこ》一人を残しなば　誰が手に如何に育つべき　親はなくとも子は育つ　とはいへ育ちし其後《そののち》に　淫奔者の子よ孤児

よ　極悪非道の鬼の児と　さがなき口に罵られ　如何に肩身の狭からん　思へば死ぬにも死なれぬ身　さても君子を如何にせん

憂《うき》に悩める此胸は　などとく死なぬと身をぞ責む　されど死なれぬ苦しさを　郎君よ量りて今しばし　妾が此世に生存ゆる　罪をば許し給へかし　棄《す》つるに易き此世をば　棄てぬも君子の為にして　惜《おし》くもあらぬ生命《いのち》をば　惜むも君子のあるがため　限りも知れぬ現世《このよ》には　辛き運命《さだめ》に泣く人の　妾のみにもあるまじき　あゝ嘆くまじ嘆かじと　思ひ返せど止《とど》まらぬ　涙をあはれ如何にせむ

奈良丸くづし

さゝやさゝさゝ笹や笹
　其角《きかく》と源吾《げんご》は橋の上　水の流れと人の身は　あした待たるゝ宝舟
どうせ浮世は夢の夢　それさへわづか五十年
　つまらぬ苦労をするよりも　さとりひらいて浮気する
僕の未来は法学士　君の未来は文学士
　よかろ吉原交際《つきあ》はう　親たちゃお国で芋を掘る
好いたらほれてもいゝじゃないか　ほれたら添ふてもいゝじゃないか
　くっつけひっつけもつれ糸　もつれ合ふたが世じゃわいな
人は元来はだか虫　米を食ふから米の虫
　パンを食ふからパンの虫　膏血《あぶら》なめる奴ァあぶら虫
院長はドクトル月給とる　金貸は金貸して利息とる
　誰も嫁とり婿とるに　わたしゃ日向《ひなた》で虱《しらみ》とる
月が出た出た月が出た　セメント会社の上へ出た
　東京にゃ煙突が多いから　さぞやお月さま煙たかろ

どこいとやせぬカマヤセヌ節

お前と添ふてから一枚の　着物さへ　着せてもろうたことはない
デモいとやせぬカマヤセヌ
着物着ないはまだおろか　ゆもじさへ　買ってもろうたことはない
デモいとやせぬカマヤセヌ
ゆもじ買はぬはまだおろか　花ざかり　花見に行ったこともない
デモいとやせぬカマヤセヌ
花見月見はまだおろか　浅草の　活動の看板も見はしない
デモいとやせぬカマヤセヌ
活動見ないはまだおろか　母親の　記念品《かたみ》も質屋の蔵の中
デモいとやせぬカマヤセヌ
質屋通ひはまだおろか　屑屋さん　呼び込んでボロまで売りこかす
デモいとやせぬカマヤセヌ
質屋呼ぶのはまだおろか　借金の　いひわけばかりさせられる
デモいとやせぬカマヤセヌ

借金の苦労はまだおろか　折々は　お前の浮気の苦労する
デモいとやせぬカマヤセヌ
お前の浮気はまだおろか　内々で　わたしの浮気の苦労もする
デモいとやせぬカマヤセヌ
浮気の苦労はまだおろか　限りなく　つきぬ苦労に苦労する
デモいとやせぬカマヤセヌ
み国のためならどこまでも　兄弟や　老いたる親に別れても
ナニいとやせぬカマヤセヌ
親兄弟はまだおろか　新婚の　恋しき妻と別れても
ナニいとやせぬカマヤセヌ
新妻捨てるはまだおろか　練兵場　右へ向け右の号令も
ナニいとやせぬカマヤセヌ
右へ向け右はまだおろか　まちがへて　左向いてバカだといはれても
ナニいとやせぬカマヤセヌ
バカといはれるはまだおろか　古参兵に　びんたピシャリとやられても
ナニいとやせぬカマヤセヌ
打たれる位はまだおろか　めざましい　大戦争の中までも
ナニいとやせぬカマヤセヌ

大戦争の最中に　敵軍の　銃砲《つつ》の餌食となるまでも
ナニいとやせぬカマヤセヌ
つつの餌食はまだおろか　死にそこね　野戦病院の中までも
ナニいとやせぬカマヤセヌ
野戦病院はまだおろか　しゅもく杖　ビッコひいて薬を売るとても
ナニいとやせぬカマヤセヌ

むらさき節

むらさきの　袴《はかま》さらさらホワイトリボン
行先ゃ何処　上野飛鳥山向島
ほんに長閑《のどか》な花の風　散れ〳〵散るならさっと散れ　チョイトネ

帰るなら　なんの止めようとめはせぬ
羽織《はおり》をきせて　羽織の上から抱きしめて
家《うち》の首尾《しゅび》をと目に涙　ばったり落ちたるつげの櫛《くし》　チョイトネ

君は今　駒形あたり降られはせぬか
降るならいっそ　いっそ降るなら夜中から
やらずの雨のざんざ振り　そして止めたい明日の朝　チョイトネ

三味線の　細い音色は新内《しんない》か
大びけ過ぎの　廓《さと》は月さへ冴え渡る

あれも恋故《ゆえ》恋がたり　銀杏《いちょう》返しの乱れ鬢《びん》　チョイトネ
目で詫びて　居るのにさした盃を　受けては呉れず
一座の手前もあるものを　人の実意《じつい》を烟《けむ》にして
にくやすました嘘煙草《そらたばこ》　チョイトネ

つまらない　あゝつまらないつまらない
小作のつらさ　待ってた秋となって見りゃ
米は地主に皆取られ　可愛い妻は飢に泣く　チョイトネ

風は吹く　雨にゃ降られる銭は取れず　あゝつまらない
ほんに出《で》商売はつらいもの　これぢゃお粥もすゝれない
といふて投身《みなげ》も出来はせぬ　チョイトネ

又しても　米は騰るし子は出来る　不景気つづき
家賃にゃ追はれる暇は出る　家にゃ妻子が泣きっ面《つら》
娑婆に居るのが恐ろしい　チョイトネ

思ひ草

涙かくして表面《うわべ》で笑ひ　心にもない　ざれ唄小唄《こうた》
ういたういたの三味線太鼓《たいこ》　なんの因果で　廓《くるわ》のつとめ
故郷《くに》にゃ恋しい父母《ふたおや》さまや　可愛い妹や弟もあるに
恋といふ字は村にもあるに　飛ぶにとばれぬ　わしゃ籠の鳥
現代《いま》の女学生はなぜあのやうに　むやみやたらに　子を生むのだろ
それはその筈よく字を見やれ　女学んで生むではないか
でかいお尻は袴《はかま》でかくれ　おでこは廂《ひさし》でかくれるけれど
肩で息する　当世式部

ホットイテ節

わたしが見こんでわたしがほれて　キタサー　わたしがサー
苦労すりゃ　自由の権　ホットイテ

切れてしまへば他人ぢゃないか　キタサー　どこへサー
行かうと　自由の権　ホットイテ

大じん大しょうが何こはからう　キタサー　意気地をサー
立て抜く　侠芸者《だて》　ホットイテ

米は台湾おかずはひじき　キタサー　これでサー
糸目が出るものか　ホットイテ

わたしが鳥なら会社の屋根で　キタサー　月給がサー
安いと　啼いてやる　ホットイテ

虱の旅

ゾロリゾロリと　匐ひ行く先は　右は腋の下　左は肩よ
　ボロボロ着物や　よごれたシャツの　縫目ハギ目を　宿屋ときめて
昨日は背中　今日乳の下　虱の旅は　いつまでつゞく
　果てなき腹の　臍の上なる　縫目でもよし　安住の地ほし
おいら数多《あまた》の　兄弟共は　邪剣な指に　ひねりつぶされ
　爪の責苦や　また火あぶりに　されて無惨な　最後を遂げる
のがれ〳〵て　嬶と俺は　鳥も通はぬ　質屋の倉に
　ひもじさ堪《こら》へて　十日も暮し　やう〳〵出たとき　世は花盛り
花が見たさに　つい襟先へ　出たが最後で　嬶も捕はれ
　花見虱《はなみじらみ》は　しゃれてるなどと　嬲《なぶ》り殺しぢゃ　卵も共に
俺はのがれて　命を拾ひ　ひとり淋しく　旅から旅を
　ビクビクもので　渡ってゐるが　思ひ廻せば　昔が恋し

《演歌師が明治以来、本拠にしていて、唖蟬坊がいたところが当時の浅草区松葉町、今の台東区松ヶ谷で、そこに〝いろは長屋〟ってのがありました。（略）演歌師がいなくなったあとの〝いろは長屋〟に、大道芸人などが住みついた。》加太こうじ

（加太こうじ『芸界達人浮世話』青蛙房、一九八六年）

（写真）台東区立中央図書館蔵「浅草仲見世　明治40年代」

寄稿③

モダン伊勢佐木を歩く

昭和はじめ、横浜のモダン風景

吉﨑雅規

添田啞蟬坊は昭和五年（一九三〇）に刊行した『浅草底流記』（近代生活社）で浅草の街のルポルタージュを書いている。ここに描かれた街の様相のなかには、昭和はじめから見られるようになった都市の新しい表情も含まれているが、それを当時の人士は「モダン」と呼んだ。昭和はじめの都市、とくに盛り場にあらわれたモダン。ここでは啞蟬坊が愛した――しかししばしば取りあげられる浅草を避け、横浜は伊勢佐木町を舞台に昭和はじめのモダンな風景を描き出してみたい。

◆モダンとは何か

まずは昭和はじめの「モダン」の意味あいを確認しておいたほうがいいだろう。というのは、このころのモダンという言葉は現在ほぼ普通名詞と化したモダンとは少々含意が異なっているからだ。

「モダン」、あるいは日本語での「近代」という語には、このころ（昭和はじめ——吉崎注）から既に特別な意味合いをもたせようという共通の認識が知識人にあった。それは進歩的、合理的であり、伝統的なものとは決定的に対立するものであると位置づけられていたのである。（中略）外来語の「モダン」「モダーン」という言葉は、西欧世界と重ね合わされて、「最先端」のものに冠される形容詞として使われていた。（バーバラ・ハミル・佐藤「モダンガールの登場と知識人」『歴史評論』四九一号、一九九一年）

「モダン」あるいは「近代」は伝統的なものと対立する進歩的なもの、そして西欧世界から発信された「最先端」のもの、という意味あいがあったという。後者はともかく、前者ほどの尖鋭的な意味はいま私たちが使うモダンにはないであろう。

それでは、同時代にモダンはどのように考えられていたのか。モダン時代のまっただなかだった昭和四年にジャーナリストの大宅壮一は次のように語っている。

「モダン」とは時代の先端を意味する。しかもその先端たるや、本質的生産的先端ではなくて、末梢的消費的先端である。鋭く、細く、もろく、弱々しい先端である。

とぎすまされた時代の神経である。新しいもの、珍しいものを最も鋭敏に感受して同時代人に伝える民族のアンテナである。

（「モダン層とモダン相」『中央公論』昭和四年二月『大宅壮一全集』第二巻、蒼洋社、一九八一年）

大宅によれば、モダンとは流行の先端をいくもろもろの現象をさしたという。そして、その「先端」は本質的なものではなく、「消費的」な「もろく、弱々しい」ものだと指摘する。モダンはあだ花のようなものとして、知識階級から批判的にみられていたようすが行間からうかがえる。

大宅のいうところの「末梢的消費的先端」、あるいは「モダン」とは具体的にはどのようなことをさすのだろうか。当時の流行作家であった久米正雄は、「誰でもの常識に上る」「モダーン・ライフ」の具体例を次のように列挙している。

銀座を歩き、カッフエエに通ひ、ダーンス・ホールを訪ひ、レヴイユウを見、リーグ戦に拍手し、エロ・グロ・ナン（ナンセンス―吉崎注）を語る事（中略）鳥渡したバンガロウに住み、どうやら金属性の音のしない蓄音器を備へ、巧みに胡麻化し装飾をした客間を持ち、（中略）異論はあらうがゴルフをやつて

（「外出着のモダンライフ」『モダン日本』創刊号、昭和五年一〇月。『久米正雄全集』第一三巻（改造社、一九三一年。復刻版　本の友社、一九九三年）

「カッフエエ」（カフェー）は喫茶店ではなく、女性が給仕をしてさまざまな酒を供した店のことで、夜のモダン都市には欠かせない存在だった。「レビイユウ」（レビュー）は歌や踊りからなる演劇で、宝塚少女歌劇団がはなやかな舞台をおこない昭和はじめに隆盛をみる。「バンガロウ」とは屋根の勾配がゆるく庇の深い建物のことだが、日本ではこのころ伝わった洋風住宅、いわゆる文化住宅のことをいう。

こうして具体例をみてみると、現代の文化や生活の直接のルーツをなしているさまざまな都市文化やライフスタイルのことをモダンと呼んでいたことがわかる。そしてこのモダンな事柄は、昭和はじめの都市にあって「先端」な感じがするものとして人びとに意識され、ジャーナリストたちに好んで取りあげられた。

◆朝から昼の伊勢佐木町

昭和はじめの伊勢佐木町は横浜きっての繁華街である。「銀座と浅草を合わせたような」と形容されたように、洗練された銀座と猥雑な浅草の魅力をあわせもったモダン都市横浜のメインストリートだ。

銀座をぶらぶら散歩することを「銀ブラ」というように、伊勢佐木町を歩くことを「伊勢ブラ」という。ここでは昭和初期の雑誌の記述をもとに伊勢ブラをしながら、街にあふれるモダンを朝から夜まで観察してみたい。

七時から八時頃までの間にはサラリーマンや、サラリーウーマンの群集が桜木町駅から吐き出される。それらの大部分はオフィス街のコンクリートの中に吸ひ込まれて行く。伊勢佐木町七丁目方面や長者町の電車通、そして若しくは吉田橋を通つて、多くのデパートガールが雄々しく闊歩して来るのである。

（青木町三「ヨコハマ・オン・パレード　伊勢佐木町界隈の素描」『大横浜』第二七巻第六号、昭和五年一〇月）

サラリーマンがコンクリートのオフィスビルに通勤するという、ありふれた都市風景がモダンだったのである。サラリーマンはこの時代から厚みをもって都市にあらわれることになりモダンの主要な担い手になるし、鉄筋コンクリート造りのビルが都市に建てられるようになるのも関東大震災からの復興途上にあたるこの時期の特徴である。そして「デパートガール」。モダン都市を象徴するデパートの、その花形的存在としての自負が「雄々しく闊歩して来る」に見てとれるではないか。

正午のドンがなりひゞくと待つてゐた客達は一斉に活動館の中に流れ込んで行く。そして伴奏とラヂオと蓄音器が通りを一杯に埋めはじめる。

二時から三時半になると四方から集る生徒が喫茶店、若しくは活動館、有隣堂、デパートと入つて行く。二時、三時、四時、五時、斯うして次第に伊勢佐木通りは盛り場らしく姿を見せて来る。この頃が一番通りの蓄音器店がやかましい、レコード何枚か取かへる中に店先が一杯の人だかりとなる。

映画はモダン都市の娯楽の王座を占める。伊勢佐木には洋画封切館として知られるオデヲン座をはじめとして多くの映画館が軒をつらねており、この新しい娯楽は都市に住まう人々を引き寄せた。

伊勢佐木の街の音を作り出しているのは蓄音機店（レコード店）で、店頭の蓄音機がにぎやかにレコードの音を響かせている。昭和二年から三年にかけてビクター、コロムビア、ポリドールの三大レコード会社が日本法人を設立、本格的なレコード時代が幕を開けるのもこのころのことだ。

◆夜のモダン都市

すると一斉に五時から六時にかけて活動館の入替りとなつてまぶしそうに、が何かまだ夢を見てゐる様に人々が吐き出されて来る。明治製菓、有隣食堂、不二家五色モナカ等の喫茶店やデパートの食堂はこれらの人で一杯になつて来る。そうしてあちらの隅、こちらの隅で、一団の学生や女学生が笑ひ興じてゐる中たまにロマンテイツクなランデブーを開いてゐる二十一の学生と十八九の女学生がある。

喫茶店やレストランはモダン都市の憩いの場であった。なかでも不二家は横浜の元町に創業したハマゆかりの菓子屋で、伊勢佐木に進出したのは大正一一年（一九二二）。昭和一二年にはレーモンドの設計で伊勢佐木に新装開店し、喫茶店のほかビアホール、西洋料理店も併設するなど伊勢佐木のモダンな食文化を象徴する存在であった。このようなモダンな都市装置のなか、「ロマンテイツクなランデブー」をしていた学生と女学生の姿もまたモダンな風景として耳目をひいたようである。

斯うしてツメ襟学生やセイラーの女学生が姿を消すとオフイス街から一群の御嬢さん方が吉田橋を渡つてやつて来る。

そろそろサクラサロンのジヤズバンドや、カフエーバーのジヤズレコードが廻り初め（ママ）ると、いよいよウルトラな時のテムポと変り出す、と大体のデパートは大門を閉ぢて、電気広告灯や赤いネオンライトが恋の秘密の様にかゞやき初める。

昭和八年の調査によれば横浜市には五七六軒のカフェーがあったが、そのネオンサイン――色とりどりのネオンはすでにこの時代からあった――は伊勢佐木町周辺に集中し「モダン伊勢佐木ネオンに燃えて」と唄われた。サクラサロンはその伊勢佐木のカフェーを代表する有名店である。

啞蟬坊は『浅草底流記』の「浅草朝から夜中まで」で、「夜の幕が落ちてくると、今や五彩の光りは輝き始め、浅草は生き物の如く、むくむくと起きあがって、その精悍溌溂さを主張するものの如く、第二段の活動を始めるのである。このころから、一日の営みを終へた人々は、光の中に、甘い滋養を吸はうとして、集まってくるのだ」と夜の浅草の様相を描き出しているが、文中の「浅草」を「伊勢佐木」に変えても違和感はないだろう。夜のモダン都市には独特の「テムポ」「精悍溌溂さ」があり、それもまたジャーナリストたちの興味を惹いたようである。

以上の伊勢佐木町の光景は現代の都市の表情に近く、昭和の戦前にこのような都市風景がモダンな現象として立ちあらわれていたことに私たちは意外の感をもたざるを得ない。もっとも、同時代の人は必ずしもこのモダンをすんなりと受け入れているわけではなかったのかもしれない。たとえば、久米正雄は「モダーンと云ふ言葉ほど、感じで分つてゐるやうで、実はよく分つて居ない言葉はない」「衣食住とも、打つ買ふ飲むの三拍子揃つて、真にモダーンな生活をしてゐる人」はいないと書き、「モダーン・ライフ、それは現在では、結局、外出着《よそゆき》である」と結論づけている（前出「外出着のモダンライフ」）。十分にモダンな生活を送っていたかのように見える流行作家の久米にとっても、それは

「普段着」のようにしっくりとくる生活スタイルではなかったようだ。
そして、唖蟬坊もまた浅草の表層的なモダンに目を奪われていたわけではない。添田の興味はモダンを描き出すことよりもむしろ、『浅草底流記』の書名にもあるように社会の底辺に生きる人びとを活写することにあったように思える。あるいはモダンという光に対比されるべき都市生活の影の部分を描きたかったのかもしれない。

（よしざき・まさき　横浜市歴史博物館学芸員）

参考文献

吉﨑雅規「横浜モダン文化のなかのイセザキ」（横浜開港資料館企画展「ときめきのイセザキ140年 ―盛り場からみる横浜庶民文化」展示記念講座、二〇一〇年一二月四日）
吉﨑雅規「久米正雄宛のダイレクト・メール―モダン都市横浜と作家のモダン・ライフ」『ハマ発Newsletter』（横浜都市発展記念館）第一四号、二〇一〇年
横浜都市発展記念館編『モダン横濱案内』横浜都市発展記念館、二〇一〇年

サァサ事だよ

サァサ事だよ　お金がないない　お金がないよ
火鉢の引出し茶だんすつゞら　戸棚探してもないよ　どうしてもないよ
シマッタ〱〱〱〱　夢で拾った金がない
サァサ事だよ事だよ　うっかり電車に飛乗りしたら
一銭、一銭、一銭足りない　一銭足りない
シマッタ〱〱〱〱　どこかに一銭ないかいな
サァサ事だよ事だよ　雨がふるふる　ふるふる雨が
細い煙も立たない　細民窟　とうとう釜から鍋まで　食ってしまった
シマッタ〱〱〱〱　青色吐息の麻つなぎ
サァサ事だよ事だよ　電車の値上げに電燈の値上げ
水道の値上げに家賃の値上げ　なんぼあがっても天下は泰平　市長は万歳
メデタイ〱〱〱〱　東京市民はオメデタイ

あゝ金の世

あゝ金の世や金の世や　地獄の沙汰も金次第　笑ふも金よ泣くも金　一も二も金三も金　親子の中を割くも金　夫婦の縁を切るも金　強慾非道と譏《そし》らうが　我利々々亡者と罵《ののし》ろが　痛くも痒くもあるものか　金になりさへすればよい　人の難儀や迷惑に　遠慮してゐちゃ身が立たぬ

あゝ金の世や金の世や　希望《ねがい》は聖《きよ》き労働の　我に手足はありながら　見えぬくさりに繋がれて　朝から晩まで絶間なく　こき使はれて疲れはて　人生《ひと》の味よむ暇もないこれが自由の動物か

あゝ金の世や金の世や　牛馬に生れて来たならば　あたら頭を下げずとも　いらぬお世辞を言はずとも　すむであらうに人間と　生れた因果の人力車夫《くるまひき》　やぶれ提灯股《ちょうちんまた》にして　ふるひをのゝくいぢらしさ

あゝ金の世や金の世や　蠟色《ろういろ》ぬりの自動車に　乗るは妾《めかけ》か本妻か　何の因果で

機織《はたおり》は　日本に生れて支那の米　綾《あや》や錦は織り出せど　残らず彼等に奪はれてボロを着るさへまゝならぬ

あゝ金の世や金の世や　毒煙《どくえん》燃ゆる工場の　あやふき機械の下《もと》に立ち　命を賭けて働いて　くやしや鬼奴に鞭うたれ　泣く泣く求むる糧《かて》の料《しろ》　顔蒼ざめて目はくぼみ　手はみなたゞれ足腐り　痛むもなかなか休まれず　聞けよ人々一ふしを現代《いま》の工女が女なら　下女やお三はお姫《ひい》さま

あゝ金の世や金の世や　物価《もの》は高くも月給は　安い弁当腰に下げ　ボロの洋服破れ靴　気のない顔でポクポクと　お役所通ひも苦しかろ　苦しからうが辛かろが　つとめにゃ妻子のあごが干《ひ》る

あゝ金の世や金の世や　貧《ひん》といふ字のある限り　浜の真砂《まさご》と五右衛門《ごえもん》は　尽きても尽きぬ泥棒をおさへる役目も貧ゆゑと　思へばあはれ雪の夜も　外套一重《がいとうひとえ》に身を包み寒さに凍るサーベルの　束の間眠る時もなく　軒端《のきば》に犬を友の身の　家には妻がひとり寝る　煎餅蒲団《せんべいぶとん》も寒からう

あゝ金の世や金の世や　牢獄《ろうや》の中のとがにんは　食ふにも着るにも眠るにも　世

話も苦労もない身体《からだ》 牛や豚さへ小屋がある 月に百両の手当をば 受ける犬さへあるものを サガッチャコワイよ神の子が 掃溜《はきだめ》などをかきまはし 橋の袂《たもと》や軒《のき》の下 石を枕に菰《こも》の夜具 飢ゑて凍えて行路病者《ゆきだおれ》

あゝ金の世や金の世や この寒ぞらにこの薄着 こらへ切れない空腹《すきばら》も なまじ命のあるからと思ひ切ってはみたものの 齢《とし》とる親や病める妻 飢ゑて泣く子にすがられて 死ぬにも死なれぬ切なさよ

あゝ金の世や金の世や 憐れな民を救ふべき 尊き教への田にさへも 我儘勝手《わがままかって》の水を引く これも何ゆゑお金ゆゑ あゝあさましの金の世や 長兵衛宗五郎《ちょうべえそうごろう》何《ど》処《こ》に居る 大塩マルクス何処に居る

あゝ金の世や金の世や 互《たがい》に血眼皿眼《ちまなこさらまなこ》 食ひ合ひ奪《と》り合ひむしり合ひ 助けりゃ乞食か泥棒か のたれて死ぬか土左衛門 鉄道往生《おうじょう》首くゝり 死ぬより外に道はない あゝ金の世や金の世や

ゼーゼー節

背には子を負ひ太鼓腹か丶へ　ノーヤ
それで車の　ナンギナモンダネ　トツアッセー
あとを押す　マシタカゼーゼー

襖《ふすま》もる風寒けりゃごんせ　ノーヤ
見せてやりたい　ナンギナモンダネ　トツアッセー
火の車　マシタカゼーゼー

家も田地も人手にわたし　ノーヤ
今じゃ毎日　エンヤラヤノヤ　トツアッセー
日傭《ひよう》稼ぎ　マシタカゼーゼー

手間はさがるし物価はあがる　ノーヤ
それで文句も　ナンギナモンダネ　トツアッセー

言はせない　マシタカゼーゼー

鳥や虫にも巣があるものを　ノーヤ
わたしゃ人間　ナンギナモンダネ　トツアッセー
家がない　マシタカゼーゼー

ふざけしゃんすな百姓などと　ノーヤ
生命つなぐは　ナンギナモンダネ　トツアッセー
誰のため　マシタカゼーゼー

※「咄《とつ》、圧制、増したか税々」

ベラボーの唄

給料貰ふて工場《こうば》の門出れば　あかいバーの灯《ひ》、エプロン姿
ハ、ハ、ハ、ハ、　家《うち》にやはらんだ、カヽが待つよ

足尾銅山　現世《このよ》の地獄　死んでしまほか又逃げよかで
ハ、ハ、ハ、ハ、　ダイナマイトを、抱いて寝るよ

汽笛《ぼう》が鳴る〱会社のボーが　鳴れど家《うち》へは帰れぬ工女《こうじょ》
ハ、ハ、ハ、ハ、　金が敵《かたき》の鐘《かね》が淵《ふち》よ

酔ふた酔ふた〱ゆられる電車　どこで降りるとしつこく聞かれ
ハ、ハ、ハ、ハ、　それは何処《どこ》だか、わからないよ

財布拾ふてすまして歩きや　いくらひろたとしつこく聞かれ
ハ、ハ、ハ、ハ、　それはお前にや、言はれないよ

二人手に手を握つて行くよ　はなれまいとの、心が読める
ハ、ハ、ハ、ハ、俺はステッキ、握つてゐるよ

年は十六、八百屋のお七　お七小姓《こしょう》の吉三に惚れて
ハ、ハ、ハ、ハ、恋し恋しで、火をつけたよ

おれは幾度もかか持つて見たが　いつもかかあに直《す》ぐ逃げられる
ハ、ハ、ハ、ハ、それはお前が、馬鹿だからよ

ドロボー〳〵と弥次馬《やじうま》が駈ける　ドロボー〳〵とドロボーも走る
ハ、ハ、ハ、ハ、どれがドロボーかわからないよ

いざり車《ぐるま》が夕立に追はれ　これは〳〵といざりが立つた
ハ、ハ、ハ、ハ、車がついで、駈け出したよ

軽い米櫃《こめびつ》はらつて見たら　見たら五六合それだけ炊《た》いた
ハ、ハ、ハ、ハ、それはお客にや、わかるまいよ

豆粕ソング

高い日本米はおいらにゃ食へぬ
おいらそんなもの食はずとも、よ
どんなへんなもの食はされたとても
生きてゐられりゃそれでよい

米はあがろと下がろとまゝよ
外に南京米がないぢゃなし、よ
何をくよくよ鳩豆もござる
腹はいたんでも辛抱する

米が高いとて泣くよな奴は
日本男子の面よごし、よ
何をくよくよ水のんでさへも
少しゃどうかこうか生きられる

食へるものでさへありゃ文句はいはぬ
どうせ好いたもの食へやせず、よ
うまいまづいは申さぬときめて
今日も豆の粕、明日も粕

粕だ、粕々、おいら米や食へぬ
食へりゃこの世が嘘ぢゃもの、よ
何はともあれおメデたい御代ぢゃ
生きてゐられりゃありがたい

イキテルソング

生きたガイコツが踊るよ踊る　ガイコツどんなことといふて踊る、よ
　やせたやせたよ外米食ふて痩せた　日本米恋しいといふておどる
日本に生まれて日本米が食へぬ　へんな話だが嘘ぢゃない、よ
　豆のしぼり粕外国米を食ふて　ようよ露命をつないでる
日本米は食はいでも日本人はエライ　ヤマト魂持ってゐる、よ
　たとへ外国米のオクビが出ても　やはりエライからエライもんぢゃ
ほんにエライもんぢゃ生きてる生きてる　生きてる証拠にゃ動いてる、よ
　青い顔して目をくぼませて　ヒクリヒクリと生きてゐる

生活戦線異状あり

春が来た来た　春が来た　春が来て草木も芽が出たに
　俺の目は凹んだをかしいぞ　ヨワッタネ　生活戦線異状あり
ダンスホールの灯が更けて　可愛いダンサーが帰ります
　お乳が張るので急ぎます　ヨワッタネ　生活戦線異状あり
やれバイクンじゃ鉄道じゃ　なんじゃかんじゃとばれてくる
　次から次とバレてくる　ヨワッタネ　全部ドロボー根性あり
アメリカニズムが根を張って　物価は高くなるばかり
　人間は安くなるばかり　ヨワッタネ　生活戦線異状あり
昔の情婦《いろ》が生きて居りゃ　この唄読んで笑ふだろ
　ゲビた唄だと笑ふだろ　ヨワッタネ　生活戦線異状あり

新ノーエ節

作・啞蟬坊、山路赤春

上野の山からノーエ　上野の山からノーエ
上野のサイサイ山から東京市を見れば　十二階が見えるノーエ
工場のサイサイ煙で大空はまっくろけ

明けても暮れてもノーエ　金がない金がないノーエ
明けてもサイサイ暮れても金がない金がない　そんな話にゃノーエ
あきてしまったノーエ　話はサイサイあきたがやっぱり金がない

貧乏悲しやノーエ　かせがにゃ食へぬノーエ
毎日サイサイ毎日機械のやうに　使はれて使はれてノーエ
コキ使はれてノーエ　ハシタ金サイサイ握っても疲れて帰る

疲れて帰ってノーエ　死んだよになって寝てノーエ
疲れもサイサイぬけぬ間に五時半のポーが鳴る

ポーが鳴りゃとびおきてノーエ　寝ぼけまなこでノーエ
すぐにサイサイ工場へ出てまたかせぐ

電車の窓からノーエ　電車の窓からノーエ
電車のサイサイ窓から三越を見れば　貴婦人令嬢がノーエ
うようよしてるがノーエ　どれもサイサイ万引しさうな顔しちゃをらぬ

芸者々々とノーエ　芸者々々とノーエ
芸者サイサイ芸者と軽蔑するな　今の貴婦人ノーエ
今の貴婦人ノーエ　今のサイサイ貴婦人昔は芸者

身売りするならノーエ　切売りはおよしノーエ
世間のサイサイ奴らが醜業婦と吐《ぬ》かす　売切りにしてしまへノーエ
一生売りゃ貞女だノーエ　不見転《みずてん》サイサイ芸者も一躍令婦人

立ン坊立ン坊とノーエ　吐かす奴あ吐かせノーエ
ぬかす奴はサイサイぬかせよ勝手にぬかせ　おれは立ン坊だノーエ
立ン坊だ立ン坊だノーエ　奉公とサイサイ乞食はおいらにゃできねえ

立ン坊の話をノーエ　ちょいと聞いてみたらノーエ
不景気でサイサイ不景気で仕事にありつけぬ　普通選挙のノーエ
運動でもないかノーエ　あったらサイサイ旗でもかつぎてえものだ

貧乏と泥棒がノーエ　貧乏と泥棒がノーエ
貧乏とサイサイ泥棒がベラボーにふえて　牢屋が繁昌するノーエ
牢屋が繁昌するノーエ　繁昌サイサイする筈据膳で食へる

小さな泥棒はノーエ　すぐにつかまるノーエ
つかまりゃサイサイ牢屋へぶっこまれてしまふ　満期で出てもノーエ
すぐにまた入るノーエ　入るのかサイサイ出るのか出るのか入るのか

国勢調査はノーエ　決して税金をノーエ
搾りとるサイサイためでは決してないと　脛に傷もつノーエ
おかみの役人がノーエ　赤いサイサイビラなどお湯屋へ配る

調査節

調査々々がメッポーカイに流行る　あれも調査よ　調査々々
　これも調査でノラクラ日を送る　おめでたいじゃないか
　　ネーあなた　調査々々

外交調査会、細民調査　小商売暴利も　調査々々
　財政経済ノラクラ日を送る　おめでたいじゃないか
　　ネーあなた　調査々々

物価が高くて困ってしまふ　どうかならぬか　調査々々
　どうかならぬかでノラクラどうもならぬ　おめでたいじゃないか
　　ネーあなた　調査々々

神経衰弱また行路病者《ゆきだおれ》　精神病、花柳病も　調査々々
　糞尿問題、生活の行詰り　おめでたいじゃないか

ネーあなた　調査々々

橋の袂に行路病者がゴザる　どこの誰やら　調査々々
手帳鉛筆ひねくる間に息が絶え　おめでたいじゃないか
ネーあなた　調査々々

海に水路あり空には航空路　さうださうだと　調査々々
空の上までやっとこサとお気がつき　おめでたいじゃないか
ネーあなた　調査々々

調査々々で幾年過ぎた　この先いつまで　調査々々
明けてもくれても調査々々また調査　おめでたいじゃないか
ネーあなた　調査々々

金々節

金だ金々　金々金だ　金だ金々　此世は金だ　金だ金だよ　誰がなんと言ほと　金だ金々　黄金万能　金だ力だ力だ金だ　金だ金々その金ほしや　ほしやほしやの顔色眼色　見やれ血眼くまたか眼

一も二も金三も四も金だ　金だ金々　金金金だ　金だ明けても暮れても金だ　夜の夜中の夢にも金だ　泣くも金なら笑ふも金だ　愚者《ばか》が賢く見えるも金だ　酒も金なら女も金だ　神も仏も坊主も金だ

坊主可愛や生臭坊主　坊主頭にまた毛が生える　生える又剃る又すぐ生える　禿げて光るのが台湾坊主　坊主抱いてみりゃめっちゃくに可愛　尻が頭か　頭が尻か　尻か頭か見当がつかぬ　金だ金々　医者っぽも金だ

学者、議員も、政治も金だ　金だチップだ賞与も金だ　金だコンミッションも賄賂も金だ　夫婦親子の仲割く金だ　金だ金だと汽笛が鳴れば　金も鳴る鳴るガン

ガン響く 金だ金だよ時間が金だ 朝の五時から弁当箱さげて
寝ぼけ眼で金だよ金だ 金だ工場だ 会社だ金だ 女工男工職業婦人 金だ金だ
と電車も走る 自動車自転車人力《じんりき》車馬力 靴に草鞋に袴にハッピ 洋服《ふく》は新式サ
ラリーマンの 青い顔やら気のない顔よ
神経衰弱 栄養不良 だらけた顔して金だよ金だ 金だ金だよ身売の金だ 駕で
行くのはお軽でござる 帰る親爺は山崎街道 与市平の命と定九郎の命 勘平の
命よ三つの命 命にからまる財布の紐よ
小春治兵衛よ梅川忠兵衛 沖の暗いのに白帆が見える あれは紀の国みかんも
金よ 度胸ドエライ文左衛門だ 江戸の大火で暴利を占めた 元祖買占暴利の本
家 雪の吉原大門うって まいた小判も金だよ金だ
お宮貫一 金色夜叉も 安田善次郎も鈴弁も金だ 金だ教育 学校も金だ 大学
中学小学女学 語学哲学文学倫理 理学経済愛国の歴史 地理に音楽幾何学代
数 簿記に修身お伽に神話

コチコチに固くなった頭へ詰める　金だ金だと無暗に詰める　金だ金々　金々金だ　さうだ金だよあらゆるものが　動く働く舞ふ飛ぶ走る　ベルがペン先がソロバン玉が　足が頭が目が手が口が　人が機械か　機械が人か

盲滅法輪転機が廻る　金だ金だとうなって廻る　時事に朝日に萬朝二六　都読売夕刊報知　捨児カケオチ詐偽人殺し　自殺　情死《しんじゅう》　気ちがひ　火つけ　泥棒　二本棒　ケチンボ　乱暴　貧乏ベラボー辛抱は金だ

金だ本《もと》から末まで金だ　みんな金だよ一切金だ　金だ金だよ此世は金だ　金、金、金、金、金、金、金だ

コラム　演歌師と芸能者的こころと

刀水書房から刊行された『添田唖蟬坊・知道著作集』編集委員の一人が俳優・小沢昭一さんでした（編集委員は荒瀬豊、尾崎秀樹、安田武、小沢昭一の四名）。

ＴＢＳラジオで平日のお昼時に軽妙な語り口で楽しませた小沢昭一さんの声が聞けなくなって久しくなります。

あの番組で不思議と心がスッキリ晴れたものです。

その小沢さんは四十歳手前の頃、昭和の話ですが、消え去ろうとする「漂泊の芸能者」たちを取材する旅に取り組まれていました。真剣な眼差しで芸能者の原点を探るのは、ご自身が俳優とは何かを追求することになったからです。

『日本の放浪芸』（番町書房、一九七四年。のち岩波現代文庫）『私のための芸能野史』（芸術生活社、一九七二年。のちちくま文庫）のほかに、一九六九年刊『私は河原乞食・考』（三一書房刊、のち岩波現代文庫）があります。

「漂泊の芸能者」のことを次のように述べています。

芸能史からこぼれた、現代からは追いやられた部分に、ひょうっとして、芸能の素朴な、本来の姿が発見出来るかも知れないのではないか。そう思う時、私は、むしょうに、地方の民俗芸能や、低級卑俗といわれる、小屋掛芸、大道芸、門付芸など漂泊の芸能者に、慕わしき愛着を覚える。

本を開くと、前半「はだかの周辺」の

章はストリップ嬢の妖しく艶やかな文面と写真につい目が行きがちですが、「愛敬芸術」の章で演歌師と対談しています。

演歌師も小沢さんにとって愛着ある芸能だったのでしょう。

かすり姿にはかまの書生姿。縁日でにぎわう片隅で、唄い、本を売る。他の露店から演歌師の歌声が人寄せとして役立ったという面もあったそうです。

登場する演歌師は桜井敏雄さん。

対談の見所として「法界屋《ほうかい》」の話をあげてみましょう。

「演歌／演歌師」を調べるとよく出てくるのがホーカイです。

演歌師は明治の終わり頃にはヴァイオリンを用いて唄っていたそうですが、三味線を使う時代もあったり（園部三郎『日本民衆歌謡史考』）、後年ギターも使ったそうです。

一方の法界屋も月琴、胡弓を伴奏して明治二六年（一八九三）ごろにはホーカイ節を流行させ壮士演歌を圧倒するのだそうです。

月琴はもともと政府が採用した教育楽器だったにもかかわらず、後に「敵国楽器」と見なされてしまい、三味線に変わったとの話があります（園部、同前）。

法界屋が演歌師と違うのは、香具師の管轄外だったと対談で答えています。

香具師は「神社仏閣の境内の管理から大道芸、露天商の統括をした」（永六輔『芸人たちの芸能史』）人たちですから、唄う場所に違いがあるのでしょうか。

どちらも唄って関心を集める芸能ですから、小沢さんがそこを尋ねます。

小沢　法界屋というのは、演歌師とはまた違うんでしょ。派手なはんてんにももひきで、薄化粧したのが、子供の時分、カフェーや花街を門付けしてるのを見ましたが。琴なんかもって。

桜井　ええ、あれは、私どもとは違います。私ら、あれは、下のゲとバカにしたもんです。もっとも、私どものエンカでも、夜の商売のヘタな人間は昼間バイオリンひいてアメ売って歩いてたのがいました。また中には、ネスといって普通の家の軒下に立って歌をうたい本を売っていたんです。それをネスリンと私らいってました。また、ヨミといって、色男が薄化粧してカンカン帽をいなせにかむって、きちっと夜見世で座布団に座り、歌謡曲全集みたいなのをズラッと並べて、〽こわさも忘れ、暗い夜道をただひとりィー「ただいまのは籠の鳥、これ全部入ってます」なんていってね。一冊三銭五銭と売っていました。バイオリンがひけないで、読みながらやるから、ヨミっていうんです。大正時代ですネ、これも。こういうのも、エンカとは一応区別しました。

仕事場は街頭や縁日。収入は歌本の売上げといいますから、見物客が集まってもそこから本を売らなければいけない大変な努力です（ちなみに対談の中で小沢さんが東京の寄席で演歌師東富士郎が出ていた話が出て来ます）。

いかに聞かせたか。当時の流行歌で気を引き、次は奇抜な歌で場面転換をしたのでしょうか。お客を逃がさない色々な工夫が必要だったことでしょう。

当時、不惑の年齢を迎える小沢さんが演歌師の桜井さんから〝演歌師の芸能者的こころ〟を愛着を持って引き出す流れが読んでいて伝わってくる対談です。

演歌師もまた俳優も人々を引き込み、お金をいただくために、心をつかむ芸（技術）が必要です。芸を磨く真摯な態度は芸能者に限らず、他の仕事をするボクたちも見習いたい部分です。

次の言葉が特に演歌師の仕事を一言で語っている所に思えました。

桜井　私らもう、唄い方が近代化されてますが、昔の演歌調は、ギターには合いませんが、自分の心で長くも引っぱれば短くもなる。マがよくて、そこになんともいえない情がある。

ちなみに、対談相手の桜井敏雄さんがフォークシンガーのなぎら健壱さんと「東京節」を唄う映像や、小沢昭一さん歌唱の「金々節」をインターネットで視聴出来ます。

演歌師本人や知る世代の歌声が残されているのは貴重です。

そのほかにも土取利行さんはじめ現代のアーティストが明治大正演歌の多くの歌唱を公開しています。ぜひ一度歌声に触れて下さい。

つばめ節

金をためるな
イソイソ
ためるな金を
金さへなかったら鈴弁も　あの山憲にむざむざと
うち殺されてきざまれて　トランク詰めには遇やすまい
信濃川まで　イソ　行きやすまい

貧乏小唄

俺はいつでも　金がない
同じお前も　金がない
どうせ二人は　この世では　金の持てない　貧乏人

泣くも笑ふも　ねえお前
質の流れに　何変ろ
俺もお前も　ボロボロの　きもの一つで　暮さうよ

破れ窓から　覗いてる　丸の裸の　お月さん
わたしゃ死ぬまで　ボロボロの　貧乏長屋で　暮らすのよ

寄稿④

明治・大正・昭和の香具師とテキヤと露天商

厚 香苗

◆唖蝉坊の息子の怒り――テキヤは病理集団ではない

唖蝉坊の息子、添田知道（一九〇二―一九八〇年）は、一九六四年（昭和三九年）一月三〇日に『香具師の生活』（雄山閣）を上梓した。この本は関係者の目線で日本の伝統的な露店商いや路傍の芸能の歴史や文化についてまとめた画期的な著作だが気にかかることがある。初版は布貼りの本で背表紙に、ただ「香具師の生活」とある。しかし本を収める函には「香具師（てきや）の生活」と丸カッコに「てきや」という読みを入れ、奥付には「香具師《てきや》の生活」と、わざわざフリガナを振っている。香具師はヤシかコウグシと読む。香具師をテキヤとは読めない。テキヤを漢字にするならば的屋が普通だ。

本の表紙をめくると最初に口絵の「神農氏」の絵がある。神農は古代中国の伝統的な存在で、薬学、農業、交易など人類に必要な幅広い知識の祖とされている。香具師とその流れを引くテキヤは、かつて薬を商っていたという伝承をもつがゆえに、神農を職能神としている。口絵ページの後に「序詞（プロローグ）」から始まる本文が続く。序詞の書き出しで知道は「〈てきや〉とよばれる　世のともどち《（ママ）》よ　神農を祖とする人たちよ」と仲間に呼びかける。「ともどち」は、正しくは「ともだち」であろう。そして「いまきみたちは博徒と同一視され、やくざ・暴力団のうちにかぞへあげられ、病理をもつ集団とされてゐる　きみたちはそれにあまんじてゐるのだろうか」と、現状を憂い、自分たちの長い歴史を振り返り「神農の心」がどこにあったのかを再考し出直す時だと鼓舞する。本のタイトルは「香具師」だが、仲間への呼びかけでは「てきや」にしている。それにしても「病理をもつ集団」とは、日常に馴染まない強い表現である。この表現から想起されるのは、『香具師の生活』の一年前、一九六三年（昭和三八年）三月一日に出版された社会病理学者、岩井弘融（一九一九―二〇一三年）の『病理集団の構造―親分乾分集団研究』（誠信書房）である。一九六〇年代の日本では、社会学の一分野として一九世紀にヨーロッパとアメリカで流行した社会病理学が流行していた。社会病理学は人間の社会を「社会有機体」、つまり動物の体のようなものと見なして、その健康を損なう原因となる現象、具体的には都市の社会問題を解明しようとした。この発想には一九世紀に華々しく登場した進化論の影響がみえる。

新しい学問としての社会病理学には、社会問題を解決する糸口を見つけて、問題解決につなげたいという純粋な動機があった。ところが皮肉なことに、社会病理学で扱われる対象は「社会悪」というレッテルを貼られたも同然になってしまうという矛盾があり、二〇世紀末になると、理論の不完全さも相まって社会病理学は厳しい批判にさらされる。岩井の『病理集団の構造』という書名には、社会病理学が可能性に満ちていた時代の香りが染みついている。

岩井は自著の序論に、病理集団研究というよりは副題にある親分子分関係研究としての本であるという旨を書いている。本には明記されていないが岩井は戦後、GHQが実施した日本研究に参加している。GHQは日本の労働慣行に前近代的な親分子分関係が潜んでいることを看破しており、戦後、日本を統治するために日本人の研究者を動員して親分子分関係を研究した。岩井は敗戦国のネイティブ研究者として、戦勝国が主導する自国の調査に入るという特異な研究生活を送り、占領後も研究を続けて他の追随を許さない研究成果を残した。それでも本のあとがきを見ると出版への道のりは険しかったようだ。厳しい出版事情もあって、岩井は本の内容よりも、当時の学問的流行を意識した書名にしたのかもしれない。

岩井は、この本で「やくざと呼称される特殊な社会的病理集団」を博徒集団、的屋集団、愚連隊・非行集団、土建暴力団、港湾暴力団、炭坑暴力団、壮士・院外暴力団、その他の集団としている（三頁）。第一篇は「博徒・的屋集団」で、分析は個別におこなっているが博徒と的屋を同列に扱い、テキヤの分析では、テキヤが重んじている香具師の由緒書も引用されている。佐賀県の生まれで東京大学文学部を卒業、戦後闇市の撤去を進めたGHQの調査に参加し、当時は東京都立大学助教授だった研究者が、博徒と的屋を並べて分析して、「病理集団」の本として出版した。このことを幼少期から東京の下町でテキヤに親しく接してきた知道は苦々しく思った。知道の社会病理学への不満は『香具師の生活』の「後記・かれこれ章」にも書かれている。岩井の著作に刺激されて急いで『香具師の生活』を上梓したとすれば、冒頭の熱のこもった文章に誤字があるのも納得できる。

◆明治の香具師、珍しいものを探す

平成の東京の下町では、地元の人は縁日や祭りで露店商いをしている人を「てきやさん」と言う。「てきやさん」と客から言われた商人は、好意的な呼称と受け止めているようである。しかし東京と似た露店商いの慣習があるとされる青森県津軽地方で、春から秋にかけて寺社を巡回する露店市（ヨミヤ（宵宮）という）で商いをする商人は、テキヤと呼ばれることを嫌う。専業的な露店商いをする商人をいう呼称には時代性と地域性が色濃くあらわれる。東京下町の路上での商いに詳しい知道が、香具師を「てきや」と読ませたのには相応の理由があったはずだ。

知道が多感な年頃だった大正期の香具師のイメージを平成の今日まで伝える文学作品が一九二一年（大正一〇年）に東京朝日新聞に連載された小川未明（一八八二―一九六一年）

の出世作『赤い蝋燭と人魚』である。小川未明は添田知道より二〇年早く生まれているので、掲載の年、知道は一九歳である。新潟県上越市の雁子浜に伝わる人魚伝説をモチーフとして創作されたこの童話では、人間のやさしさを信じて、人魚の母親が人間の老夫婦に娘を託す。しかし老夫婦は人魚の娘を香具師に売ってしまう。人間のエゴイズムに運命をもてあそばれる人魚の純粋さが読者の涙をさそう。人魚の娘を裏切る老夫婦の愚かさは言うまでもないが、香具師はさらりと「悪い人間」の代表のように描かれている。この作品が小川の出世作ということは、当時、読者は哀れな人魚を買い取ろうとする香具師の描写を違和感なく受け入れたということである。大正期の香具師は躊躇なく人魚の娘を金で買うような人びとだと見なされていたらしい。ではテキヤはどうだったのだろうか。

香具師やテキヤという語のイメージの変遷を知るための一つの試みとして、読売新聞のデータベース「ヨミダス歴史館　明治・大正・昭和」（一八七四―一九八九年）から、香具師、テキヤ、露天商が見出しに含まれた記事を拾ってみよう（二〇一六年五月六日閲覧。見出しは適宜書き換えたので、データベースのままではない。また、商売をする本人たちは露店商と書くが、新聞等では露天商とするため、ここでは露天商とある記事を対象にする）。

まず香具師について見ていくと、最も古い記事は「ガマの妖術伝授と称し、少年から二〇円詐取した香具師を送検／横浜」（一八七八年・明治一一年）である。この記事を筆頭に一九一二年（大正元年）までは香具師のいかがわしい商売の記事が並ぶ。

問題とされた「売り物」はガマの妖術伝授のほかに、いかさま見せ物（一八八〇年・明治一三年）、わいせつ本（一八八二年・明治一五年）、人骨の出た洞穴を穴仏と称して見せる（一八八四年・明治一七年）、母親が狸と通じて生まれたという娘を見せる（一九〇四年・明治三七年）、メッキの指輪を純金と詐称して売る（一九一二年・大正元年）とある。すべてインチキだが、根津権現境内で見せていたという体の一部に狸の毛が生えている、人と狸の混血の娘など、見るだけでなく、娘が生まれた経緯についての奇想天外な物語がありそうで見世物小屋に入って香具師の語りを聞いてみたくなる。

一九〇〇年前後では香具師の失敗も記事になっている。煙管などを売って偽札をつかまされる（一八八二年・明治一五年）、噂の大蛇をとらえようと出かけたがデマだった（一八八五年・明治一八年）、見せ物にするためのシャチの捕獲をアイヌに依頼するが失敗（一八九〇年・明治二三年）、顔だけ白い黒猫、四肢は奇形、香具師三五円、飼い主は一〇〇円で譲らず（一八九三年・明治二六年）、養蚕家秘蔵の奇石を宝石かと三度足を運んだが旅費、鑑定料を丸損（一八九四年・明治二七年）という調子である。

明治時代の香具師は、噂だけを頼りに経費をかけて出かけるし、アイヌと接触するなど、あらゆる方法で珍しいものを手にいれようとしていたらしい。一八九〇年（明治二三年）、日本で初めての衆議院議員選挙では直接国税を一五円以上納めている満二五歳以上の男性に選挙権が与えられたが該当者は全人口の約一％だけだった。そんな時代にハンディキャップをもつ妙な柄の猫を三五円もの大金で香具師が買おうとし、欲張りな飼い主がさらに香具師の言い値の約三倍の値段を吹っかけている。猫には迷惑な話である。こんな話が新聞に載っていることに驚くが、いささかリアリティーを欠く素っ頓狂な記事は、読者の好奇心を刺激したのだろう。

もちろん成功も記事になっている。材木商が珍獣を捕獲・香具師も駆け付け大騒ぎ（一八八二年・明治一五年）、千葉で体長二間半の大イカ捕獲・見せ物用に香具師が買い取る（一八九二年・明治二五年）、六本足の亀、丹後の大雲川で捕獲、畳半畳大、甲は銅色、香具師の好材料（一八九四年・明治二七年）、横浜入港の郵船・鎌倉丸に珍獣、手長ショウジョウ、大蛇、山猫、香具師垂涎（一八九九年・明治三二年）、足が八本ある馬、福島県石城軍上小川村で生まれて香具師が五〇〇円の値付ける（一九〇四年・明治三七年）、これらは仕入れが成功したらしい記事である。千葉の大イカはダイオウイカだろう。香具師は買い付けた大イカを防腐処理できたのだろうか。腐っても大イカ、などといって人を集めたのだろうか。

このように珍しいものに香具師が集まったという記事は一九一〇年代にはなくなる。大正に入って香具師が珍奇なものへの関心を急に失った訳ではないだろうが、新聞記事にはならなくなった。一九一〇年代以後、香具師については内輪もめの刃傷沙汰が目立ち、一九四〇年代になると香具師の文字自体が紙面からほぼ消える。一九二一年の小川未明の出世作に登場する香具師は、一昔前の「悪い人間」として読者に懐かしがられたのかもしれない。

◆大正のテキヤもめ事を起こす、あわれな昭和の露天商

香具師と入れ替わるように一九二〇年代からはテキヤという語が紙面にあらわれる。的屋という語も一九三〇年前後には若干見えるが、新聞記事で使われるカタカナのテキヤについての最も早い記事は、私立探偵社員テキヤと決闘、殴られ生命危篤（一九二六年・大正一五年）という穏やかならぬ記事である。一九二六年（大正一五年／昭和元年）から一九八七年（昭和六二年）までの間に、テキヤを含む記事見出しは六一件あり、そのうちの四〇件は犯罪・事件の記事である。しかも一九一〇年代の香具師の動きを引き継ぐように、仲間割れからの刃傷沙汰であることを想起させる事件が多い。たとえば、占者テキヤに刺さる（一九二八年・昭和三年）、路上で刺殺・テキヤの喧嘩（一九三三年・昭和八年）、日本刀振りかざしテキヤ大乱闘・ひるの新宿三越前で（一九三五年・昭和一〇年）といった具合である。占者はテキヤの隠語でロクマというので占者がテキヤに刺されたというのも、おそらく仲間内の諍《いさか》いによるものだろう。

読売新聞では、一九三六年（昭和一一年）から一九五一年（昭和二六年）までの一六年間、テキヤを見出しにした記事がない。日本史に当てはめると二・二六事件がおきた年からサンフランシスコ平和条約が調印された年までである。また、この期間に収まる一九三九年から一九五〇年までの一二年間には香具師を見出しにした記事がない。つまり戦中から占領末期まで、香具師、テキヤという語は紙面から消えた。一方、紙

面から消えなかったのが露天商である。

もっとも早い露天商の記事は、東京・両国周辺で水銀薬を売る露天商、直ちに取り締まりを（一八七五年・明治八年）という投書である。有毒なニセ薬でも薬として売っているので、はるか昔、薬を売っていたと自称する香具師と書かれても良さそうだが露天商となっている。このようなインチキ商売のほか、菓子露天商商売敵が喧嘩（一九〇〇年・明治三三年）といった暴力事件もみられる。香具師やテキヤの記事になく、露天商の記事に見られるのは、貧しさを憐れむ論調である。店の前で露天商が暑気当り・主人が介抱し、薬代渡して途中まで送らす（一八七七年・明治一〇年）、愛児にせがまれ菓子を盗む・長雨無情露天商の悲劇（一九三四年・昭和九年）、祭りの自粛に露天商は泣く（一九八八年・昭和六三年）といった記事がいつの時代にもある。

また香具師やテキヤの文字が紙面から消えていた時期は、都市部で闇市が成立、消滅した戦後の混乱期を含んでいる。露天商が組合結成（一九四一年・昭和一六年）、自粛値を蹂躙・露天商を検挙（一九四三年・昭和一八年）といった記事は、のちの物資不足を予期しているようで闇市前夜を思わせる。戦後には、開店休業の新橋「粛正市場」・河岸を変える露天商人たち（一九四六年・昭和二一年）、露天商廃止考えず禁制品は取締る・内務省の意向（一九四六年・昭和二一年）という闇市関連の記事もあらわれる。東京新宿の闇市を取り仕切った尾津喜之助などは、当時テキヤと言われていた。だがテキヤが戦中戦後に活躍したことを直接的に見出しにしている記事はない。

「神農の心」で人びとを楽しませていたはずの香具師が、もめ事ばかり起こすテキヤになって「病理集団」とまで言われるようになったことに知道は怒っていた。そこで香具師を「てきや」と読ませる本を出版したのではないか。都市下層の零細商業者として組合を作ることもある「きちんとしている」が、時に憐れまれるような露天商になるのも味気なくて嫌だったのではないか。なお一九八九年（平成元年）に知道の本は雄山閣出版から生活史叢書の一書として再版されている。その背表紙は「生活史叢書3　てきや（香具師）の生活」、奥付は「てきやの生活　生活史叢書3」となっている。二〇一六年（平成二八年）現在、若い人に香具師といってもほとんど通じず、てきやも死語になりつつあるように感じる。書名が「香具師」から「てきや」に変わった再版の時、すでに知道は鬼籍にあった。

（あつ・かなえ　立教大学兼任講師）

啞蟬坊演歌⑤

ノンキ節

学校の先生はえらいもんぢゃさうな　えらいからなんでも教へるさうな
　教へりゃ生徒は無邪気なもので　それもさうかと思ふげな　ア、ノンキだね
成金といふ火事ドロの幻燈など見せて　貧民学校の先生が
　正直に働らきゃみなこの通り　成功するんだと教へてる　ア、ノンキだね
貧乏でこそあれ日本人はエライ　それに第一辛抱強い
　天井知らずに物価はあがっても　湯なり粥なりすゝって生きてゐる　ア、ノンキだね
洋服着よが靴をはこうが学問があろが　金がなきゃやっぱり貧乏だ
　貧乏だ貧乏だその貧乏が　貧乏でもないよな顔をする　ア、ノンキだね
貴婦人あつかましくお花を召せと　路傍でお花のおし売りなさる
　おメデタ連はニコニコ者でお求めなさる　金持ゃ自動車で知らん顔　ア、ノンキだね
お花売る貴婦人はおナサケ深うて　貧乏人を救ふのもお好きなら
　河原乞食もお好きぢゃさうな　ほんに結構なお道楽　ア、ノンキだね
万物の霊長がマッチ箱見たよな　ケチな巣に住んでる威張ってる
　暴風雨《あらし》にブッとばされても海嘯《つなみ》をくらっても

「天災ぢゃ仕方がないサ」ですましてる　ア、ノンキだね
南京豆をくらって南京虫にくはれ　豚小屋みたいな家に住み
選挙権さへ持たないくせに　日本の国民だと威張って　ア、ノンキだね
機械でドヤして血肉をしぼり　五厘の「こうやく」はる温情主義
そのまた「こうやく」を漢字で書いて　「渋沢論語」と読ますげなア、ノンキだね
うんとしぼり取って泣かせておいて　目薬ほど出すのを慈善と申すげな
なるほど慈善家は慈善をするが　あとは見ぬふり知らぬふり　ア、ノンキだね
我々は貧乏でもとにかく結構だよ　日本にお金の殖えたのは
さうだ！まったくだ！と文なし共の　話がロハ台でモテてゐるア、ノンキだね
二本ある腕は一本しかないが　キンシクンショが胸にある
名誉だ　名誉だ　日本一だ　桃から生れた桃太郎だ　ア、ノンキだね
ギインへんなもの二千円もらふて　昼は日比谷でたゞガヤガヤと
わけのわからぬ寝言をならべ　夜はコソコソ烏森　ア、ノンキだね
膨脹する膨脹する国力が膨脹する　資本家の横暴が膨脹する
おれの嬶ァのお腹が膨脹する　いよいよ貧乏が膨脹する　ア、ノンキだね
生存競争の八街《やちまた》走る　電車の隅ッコに生酔い一人
ゆらりゆらりと酒のむ夢が　さめりゃ終点で逆戻り　ア、ノンキだね

ブラブラ節

今年こそほんとにうんと働くぞ　「そして」「あゝして」「こうもする」
うその行きどまりの大晦日　なったなったなった
大晦日がお正月に　なってまたおめでたく　ブーラブラ
「源助はんどちらへお出ではりますか　なんぞボロイことおまへんか」
「ワタイもやっぱりその口や」　なったなったなった
世の中が不景気に　なってまたほんまに　ブーラブラ
物価がさがったかと町へ出てみれば　くらしが苦しくてやり切れぬ
「困る」「困る」のグチばかり　なったなったなった
失業者が多数になって　どうしてまたどうなるもんか　ブーブラブラ
寒い寒いよ今年は寒い　外国米や豆粕なんか食ったためてに
こんなに寒さが身にしみるのか　なったなったなった
人間が栄養不良に　なってまた薄着で　ブールブル
ベランメ日本人だ貧乏してゐても　なんで飢死《うえじに》なんかするもんかと
腹へってもへらず口　なったなったなった

骨と皮ばかりに　なってもまだ生きてる　ヒョーロヒョロ
東京へんなとこへんな奴ばかり　三百万人たゞようようよと
米も作らずにくらしてる　なったなったなった
　田吾作が江戸ッ子に　なってまた一緒に　ブーラブラ
電車に乗っては威厳がおちる　といふて自動車にも乗れないし
中途半ぱの紳士さん　乗ったのったのった
　紳士が電車のお客に　なってまたつり皮で　ブーラブラ
衣服《きもの》はボロになるボロは紙になる　紙はまた金になるその金が
資本になる貧乏人が泣かされる　なったなったなった
　工女の涙がダイヤに　なってまた妾の頭で　ピーカピカ
親はお前に銃剣もたせ　人を殺せと教へたか
二十一まで育てたか　なったなったなった
　兵隊さんが片輪に　なってまた見らりょか　ブーラブラ
鳥は自由に空飛びまわり　虫さへ青葉と巣をくふに
おれたちゃ人間　家がない　なったなったなった
　うんとこさと宿なしに　なってまたあっちこっち　ブーラブラ

労働問題の歌

あちら立てればこちらが立たぬ　両方立てれば　身が立たぬ
　社会の風潮　日に荒《すさ》む　労働問題研究せ　研究せ
物価が高いから賃銀増してくれと　いふてる間に　物価がまたあがる
　社会の風潮　日にすさむ　労働問題研究せ　研究せ
手をつなぐ手をつなぐみな手をつなぐ　つなぐ労働者の　手と手と手
　社会の風潮　日にすさむ　労働問題研究せ　研究せ
労働者の力は大したものよ　寝てゐてこの世を　闇にする
　社会の風潮　日にすさむ　労働問題研究せ　研究せ
資本家の腹のなかどのくらい黒い　工場のけむりより　まだくろい
　社会の風潮　日にすさむ　労働問題研究せ　研究せ
会社そまつに身を大切に　以心伝心　サボタージュ
　社会の風潮　日にすさむ　労働問題研究せ　研究せ
犬が吠えるとて魚の骨投げて　投げてごまかす　温情主義
　社会の風潮　日にすさむ　労働問題研究せ　研究せ

解放節

作・唖蟬坊、山路赤春

神のやうなる教へ子が　まなこみはって不審顔
白墨にぎった先生が　本読む声もとぎれがち
だめだ、だめだ、先生は　ご飯のことが気にかゝる　靴の破れが気にかゝる
　解放せ　解放せ　解放せ　イントレランスだ　解放せ

模範工場の温情主義　社長さんは論語の講義する
えらい牧師や僧正が　月に二回の御説教　イエス・キリスト、釈迦、法華
神や仏の気やすめで　職工のすき腹どうなさる
　解放せ　解放せ　解放せ　イントレランスだ　解放せ

娘十七はるばると　汽車にゆられて小百里を　東京見たさに来てみれば
上野、浅草、広小路　あまい言葉にのせられて
今ぢゃこうして泥の花　ふみにじられて闇に咲く
　解放せ　解放せ　解放せ　イントレランスだ　解放せ

日比谷の神さま媒介人《なこうど》に　結婚などと名はよいが
良妻賢母とほめられて　給金なしの下女奉公
貞操堅固といはれるが　金で買はれてきたからは　一生のがれぬ人の妻
　解放せ　解放せ　解放せ　イントレランスだ　解放せ

あたしも貧乏でお隣りも　やっぱり貧乏だがお隣りのおかみさんは毎日帳面へ
つけてゐるから悲しかろ　塩いくら、味噌いくら
だんなの月給が悲しかろ　無勘定のわたしより悲しかろ
　解放せ　解放せ　解放せ　イントレランスだ　解放せ

職業婦人の歌

妾《わたし》ァ会社のタイピストよタイピスト　（合唱）「タイピスト」
　働らきやいつでも心が躍る　おどる心に　光りが満ちて
　一字々々と打ち出す字にも　言ふに言はれぬ味さへ出ます
（合唱）「男たよつてゐる女子《おなご》には　こんな気持はサわかるまい」

妾ァ電話の交換手よ交換手　（合唱）「交換手」
　話通《かよ》はしや話が漏れる　浮いた話や家庭の波瀾
　それに引かへ交換台で　男たよらぬ気楽な生活《くらし》
（合唱）「男たよつてゐる女子には　こんな気持はサわかるまい」

妾ァ郵便局の女事務員よ　（合唱）「事務員」
　為替に保険に税金貯金　なんぼ積もろが機械のやうに
　指も働らくまた目も耳も　働らく窓には風さへ薫《かお》る
（合唱）「男たよつてゐる女子には　こんな気持はサわかるまい」

私ァは病院の看護婦よ看護婦　（合唱）「看護婦」
看護婦よいもの白服纏《しろふくまと》ひ　看護《みとり》しながら世相が読める
底の底まではつきり読める　浮気男の身の果てまでも
（合唱）「男たよつてゐる女子には　こんな気持はサわかるまい」

私ァ小学校の女《じょ》教員よ女教員　（合唱）「女教員」
いやな男の稼ぎを当てに　貧乏世帯《じょたい》の苦労などせずに
人の子我子《わが》の差別《けじめ》もせずに　女子《おなご》の義務《つとめ》も尽してゆける
（合唱）「男たよつてゐる女子には　こんな気持はサわかるまい」

妾ァ自動車の車掌よ車掌　（合唱）「車掌」
弱い女子《おなご》といふたは昔《むかし》　男のすること女にも出来る
何の気兼《きがね》も苦労もせずに　男たよらで生活《くらし》して行ける
（合唱）「男たよつてゐる女子には　こんな気持はサわかるまい」

妾ァカフェの女給《じょきゅう》よ女給　（合唱）「女給」
白いエプロン流行《はやり》の姿　笑顔つくして出りやうれしがる

客の心も十人十色　馬鹿も利口《りこう》も面白おかし
（合唱）「男たよつてゐる女子には　こんな気持はサわかるまい」
妾ァ自由の女人夫《おんなにんぷ》　（合唱）「人夫」
身分も軽けりや気もまた軽い　唄は出まかせタコツキ音頭
エンヤラエンヤラヤで男の様に　苦労知らずに暮してゐます
（合唱）「男たよつてゐる女子には　こんな気持はサわかるまい」
妾ァ画家《えかき》のモデルよモデル　（合唱）「モデル」
モデルいゝ商売《もの》いゝ金がとれる　ちょいと帯《おび》を解いてモデル台に上《のぼ》りや
若い画家が曲線美に見とれ　おかし画筆《えふで》によだれを流す
（合唱）「男たよつてゐる女子には　こんな気持はサわかるまい」
妾ァ日本の女飛行家《ひこうか》　（合唱）「飛行家」
飛行家よいもの男もほれる　落ちて死んでも世間でほめる
海へ落ちればブク〳〵沈み　森へ落ちれば木にブラ下《さが》る
（合唱）「命惜んでゐる女子には　こんな気持はサわかるまい」

あゝ踏切番

二十余年を碑文谷《ひもんや》の　踏切番とさげすまれ　風のあしたも雨の夜も
眠る暇《ひま》なき働らきの　報いは飢をしのぐのみ　わづかに飢をしのぐのみ
労力《ちから》の価ひ安き世の　勤めの身こそ悲しけれ　己れ一人の身なりせば
何を嘆かんあゝされど　つれ添う妻や幼な児の　上を思へば胸裂くる
ほそぼそ立つる煙りさへ　うすらぎ行くをいかにせむ　乱れみだるゝこの思ひ
解く術《すべ》知らにうなだるゝ　重き頭《かしら》をさゝへつゝ
思ひは同じ同僚《あいやく》と　踏切守《も》るや今日もまた　なぐさめられつなぐさめつ
日毎夜毎のいと重き　つとめの疲れ重なりて
殊に今宵は堪へがたな　いま一汽車《ひときしゃ》をつゝがなく　職務《つとめ》果たしてやすらはむ
今しばしなり今しばし　しばし暫しと耐え忍び
待ち待つ汽車のなどおそき　今か今かと来ん汽車を　待てる二人はわれ知らず
いつか睡魔《ねむり》の誘ひ来て　あはれ夢路をゆきもどり
（吟変り）「可愛いの子らよわが妻よ　つらき勤めの時は来《き》し　出勤《つとめ》の時はまた来しと　出

づれば妻は幼な児を　抱《いだ》きて門《かど》に送り出で　夫を思ひ子を思ふ　涙にくもる顔あげて「忍びたまへよ辛くとも　恙もあらで在《い》ましなば　今の辛さをいつかまた　寝物語りの時節《とき》も来む　やさし言葉にはげますか　世界はひろしひろき世に　虐げられて泣く人の　われらのみにもあるまじき　あゝ嘆くまじ嘆くまじ　こゝろ安かれわが妻よ　されば帰りを待てよかし　答へはしつれ何となく　あとに引かるゝうしろ髪　心は残るわが家を　顧みがちに立ち出でて　進まぬ足を進むれば　進まぬ足のいと重し　一足ふみては子を思ひ　二足妻を思ひつつ　行きては戻り戻りては　またも見合はす顔と顔」

とどろとどろと一筋に　鉄路を走る汽車の列　あはや間近く迫れるを
　あやふし夢は尚さめず　砂吹く風の忽ちに　おどろき見れば凄まじや
　突き来る汽車は眼《め》のあたり　鉄路《レール》を人の血に染めぬ
二人は色を失ひて　己が職務《つとめ》の怠りに　人をあやめしその罪の
　のがれ難きを如何にせむ
一人の命とつりがへに　二人の命捨つるより　外に術《すべ》なし諸共に
　死なんの覚悟誰か知る
あけ方近く月落ちて　雲間を洩るゝ月影の　消えゆく空をふるはしつ
　あなけたゝまし汽車の笛

これも商売

わたしや財産家の夜番《よばん》よ夜番　（合唱）「夜番」
　夜番金の番火の用心よ　毎晩拍子木《ひょうしぎ》チャキ〳〵鳴らし
　広い屋敷内廻《うちまわ》つて歩く　ほかに能はない金もない男
（合唱）「軒端《のきば》に寝てゐる、犬でゞもなけりや　こんな勤務《つとめ》は　サ　わかるまい」
わたしや我利《がり》々々亡者高利貸《こうりかし》よ高利貸　（合唱）「高利貸」
　人の生血《いきち》を吸ひ取る稼業　憎まれるのはもとより覚悟
　鬼だ（不明）□慾だと言ふ奴が野暮だ　何と譏《そし》らうが空吹く風よ
（合唱）「義理の人情のと、言ふてるものにや　こんな気持は　サ　わかるまい」
わたしや区役所の掃除夫《ごみや》　掃除夫　（合唱）「掃除夫」
　安い日当で汚ない仕事　ボロの袢纏《はんてん》着てゴミ車《くるま》曳《ひ》いて
　毎日ゴミ箱掃除《そうじ》して廻る　食はずに野宿も度々します
（合唱）「口で衛生なんて、言ふお方には　こんなところは　サ　わかるまい」

わたしや広告屋の行燈《あんどん》背負《せお》ひ行燈背負ひ　（合唱）「行燈背負ひ」
　芝居や活動や商店売り出しの　大《で》かい行燈背負つてゐりや食へる
　ぶらり〳〵と歩いてゐます　腹の減らぬやうに歩いてゐます
（合唱）「あくせく稼いで、ゐる奴等《やつら》には　こんな気持　サ　わかるまい」
わたしやウロ船乗りウロ屋よウロ屋　（合唱）「ウロ屋」
　品川沖やら羽田沖などを　いつもウロ〳〵櫓《ろ》を漕《こ》ぎ廻る
　海苔の粗朶《そだ》やら流れ木など、　失敬するものもさま〳〵ござる
（合唱）「きまり切つた職業《こと》、してゐる者にや　こんな生活は　サ　わかるまい」
わたしや九段坂の立《たち》ン坊よ立ン坊　（合唱）「立ン坊」
　奉公と乞食はキライだけれど　坂で難儀する車力《しゃりき》や車夫《しゃふ》が
　頼みや曳いてやる又後《あと》も押す　日向《ひなた》ボッコで虱《しらみ》も狩《と》るよ
（合唱）「自動車飛ばして、ゐる奴等《やつら》には　こんな気持は　サ　わかるまい」
わたしや人買ひ人夫《にんぷ》釣りよ人夫釣り　（合唱）「人夫釣り」
　職業《しごと》欲しそな腹の減つてゐるそな　ぼんやりした奴を甘口《うまくち》で釣つて

北海道の地獄部屋監獄部屋へ　売つて儲けて酒のんで遊ぶ
（合唱）「人道なんぞと、言ふてる奴にや　釣つてる場所なんか　サ　わかるまい」
わたしや火葬場《やきば》の火葬夫《おんぼやき》よ火葬夫　（合唱）「火葬夫」
好きでおんぼやきするのじやないが　生きてゐるのにや食はなきやならぬ
やがて我身《わがみ》の焼かれる番が　廻《めぐ》つて来るまでこうして生きる
（合唱）「娑婆《しやば》にいつまでも、居る気の奴にや　こんな気持は　サ　わかるまい」

マックロ節

箱根山　昔ゃ背で越す　籠《かご》で越す　今ぢゃ夢の間《ま》汽車で越す
　けむりでトンネルは　マックロケノケ
桜島　薩摩の国の桜島　煙吐いて火を噴《ふ》いて破裂《おこりだ》し
　十里四方が　マックロケノケ
米で鳴る　陸奥に生れて食へぬとは　嘘のやうだが来てみやれ
　いり藁松葉餅《わらまつばもち》　マックロケノケ
雨が漏《も》る　雨がもるもる美術館　汚点《しみ》が画《え》になるその汚点が
　職工の涙よ　マックロケノケ
金ほしや　お金ほしやの空想の　果てを足尾の銅山に
　カネを掘るほる　マックロケノケ
爪弾きの　消えて聞こえてまた消えて　消えて聞こえてまた消える
　邪魔な板塀《いたべい》　マックロケノケ
琴の音を　目で聞く黒塀《くろべい》の節穴《ふしあな》や　人が通りゃ止《や》めてまたのぞく
　出歯《でば》の目のふち　マックロケノケ

葉柳《はなやぎ》の　下にあるある何がある　意気な小意気な女下駄
　川岸《かし》の人立ち　マックロケノケ
闇の夜に　マントにコートの二人づれ　誰か来たとて手をはなし
　よく見りゃ郵便箱　マックロケノケ
テンカンと　お金をのばす鍛冶《かじ》屋さん　いくらのばしても金もてず
　朝から晩まで　マックロケノケ
進みゆく　文明の光か瓦斯《がす》電灯　夜を昼にする工夫さん
　お前はいつでも　マックロケノケ
労働者　下司《げす》よ下郎とバカにする　それが開化か文明か
　労働者がなけりゃ世は　マックロケノケ

隠亡小唄

俺は焼場の　オンボヤキ　同じお前もオンボヤキ
どうせ二人は　世の中の　人の好かない　オンボヤキ
　オンボヤキでも　ねえお前
人の価値《ねうち》に　何変ろ
俺もお前も　ともどもに　焼場のオンボで暮さうよ
黒い煙りに　むせてゐる　焼場の上の　お月さん
俺も焼かれる　番が来る　それまでオンボで　暮すのよ

大正.12.9.1. 東京大震災実況
中段ヨリ崩壊セル浅草十二階

《日まさに午ならむとする時天地忽《たちまち》鳴動す。予書架の下に坐し『嚶鳴館遺草』を読みゐたりしが、架上の書帙《しょちつ》頭上に落来るに驚き、立つて窗《まど》を開く。門外塵烟《じんえん》濛々殆《ほとんど》咫尺《しせき》を弁せず。児女雞犬の声頻《しきり》なり。塵烟は門外人家の瓦の雨下したるがためなり。予もまた徐《おもむろ》に逃走の準備をなす。時に大地再び震動す。》　永井荷風

（永井荷風『断腸亭日乗』より大正12（1923）9月1日の記事より。磯田光一編『摘録断腸亭日乗』（上）、岩波文庫）

（写真）台東区立中央図書館蔵「大正大震災実況中段ヨリ崩壊セル浅草十二階（大正12年）」

浅草に縁の深い加太こうじさんの本にも演歌師が出て来ます。

レコードやラジオが世の中に広まる前に流行歌を広める存在だった演歌師を「人間レコード」と例えています（『街の芸術論』社会思想社）。

添田知道さんとの対談が収められた本『芸界達人浮世話』（青蛙房）の中で知道さんが、「演歌がさかんだったのは関東の大震災まででした。あとは余燼《よじん》がくすぶっている感じで、そのうち『波浮の港』や『東京行進曲』などのレコード会社製の流行歌がうたわれだすと、まったく演歌師というものは影をひそめました」と語っています。

ラジオの日本初放送は一九二五年三月二十二日。大震災の翌々年のことです。

地震小唄

俺は東京の　焼け出され　同じお前も　焼け出され
どうせ二人は　家もない　何も持たない　焼け出され

焼け出されても　ねえお前
生きたい心に何変わろ
俺もお前も　さすらひの　旅で苦労して　生きようよ

武蔵野の原　照らしてる　昔ながらの　お月さん
わたしゃこれから　さすらひの　旅で苦労して　暮らすのよ

復興節

作・添田さつき

家は焼けても　江戸っ子の　意気は消えない見ておくれ　アラマ　オヤマ
忽ち並んだ　バラックに　夜は寝ながらお月さま眺めて
　エーゾエーゾ　帝都復興　エーゾエーゾ

嬶《かかあ》が亭主に言ふやうは　お前さんしっかりしておくれ　アラマ　オヤマ
今川焼さへ復興焼と　改名してるぢゃないかお前さんもしっかりして
　エーゾエーゾ　亭主復興　エーゾエーゾ

騒ぎの最中に生れた子供　つけた名前が震太郎　アラマ　オヤマ
震地に震作　シン子に復子　其の子が大きくなりゃ地震も話の種
　エーゾエーゾ　帝都復興　エーゾエーゾ

学校へ行くにもお供をつれた　お嬢さんがゆであづきを開業し　アラマ　オヤマ
はづかし相《そう》にさし出せば　お客が恐縮しておじきをしてうけとる
　エーゾエーゾ　帝都復興　エーゾエーゾ

四分板《しぶいた》叩いて　もうしもし　ちょいと隣のおかみさん　アラマ　オヤマ
今日は何々貰ってきたの　玄米二合に罐詰一つでエーゾエーゾ
　台所復興　エーゾエーゾ

乗合自転車ガタクリ馬車が　町を通ったも昨日の夢よ　アラマ　オヤマ
今では電車がチンチンゴー　乗換のたんびに五銭づつとられてエーゾエーゾ
　半平さんのぽっぽは　エーゾエーゾ

銀座街頭　泥の海　種を蒔こうといふたも夢よ　アラマ　オヤマ
帝都復興善後策　路もよくなろ街もよくなろ電車も安くなろ
　新平さんに頼めば　エーゾエーゾ

焼野の中にそびえ立つ　観音さまの御利益は　アラマ　オヤマ
今日此頃の繁昌に　毎日ドエライ御賽銭も上ってエーゾエーゾ
　浅草復興　エーゾエーゾ

※後藤新平、１９２０年東京市長就任。１９２３年第２次山本権兵衛内閣の内相兼帝都復興院総裁として関東大震災直後の東京市復興計画を立案。（『コンサイス日本人名辞典』三省堂）

コノサイソング

コノサイ、コノサイ、コノサイだ
　なんでもかんでもコノサイだ　アラマ　オヤマ
コノサイこうして貰ひたい　コノサイですから勘弁して下さい
　エーゾエーゾ　コノサイ流行　エーゾエーゾ

チンドンチンドンドン復興院　鏡だ太鼓だ鳴り物入りよ　アラマ　オヤマ
御膳ならべてチンドンドンドン　大きな風呂敷ふしぎな風呂敷
　エーゾエーゾ　のびたりちゞんだり　エーゾエーゾ

風呂敷ひろげて此際だ　風呂敷たゝんでコノサイだ　アラマ　オヤマ
　何でもかんでもコノサイだ　お膳立てばかりで御飯《おまんま》もたかずに
　エーゾエーゾ　バラック内閣　エーゾエーゾ

寄稿⑤

唖蟬坊の演歌と替歌の連鎖

和田崇

二〇一五年四月二一日の『東京新聞』のコラムに、ルポライターの鎌田慧が次のような歌を寄せている。

あゝわからない、わからない。安倍さんのやること、わからない。アベノミクスというけれど、表面《うわべ》ばかりじゃわからない。株価上がった、利益はふえた。ふえたふえたは貧乏人。やることなすことアベコベだ。

（中略）

あゝわからない、わからない。NHK、民放、大新聞、口をふさがれ黙っている。安倍さんばかりが出ずっぱり、これはほんとにわからない。日本の将来、わからない。頭隠して尻かくさず、解釈改憲わからない。

当時の安倍晋三政権へのアイロニーに満ちたこの歌は、演歌の草分けとして知られる添田啞蟬坊が作詞した「あゝわからない」（通称「わからない節」）の替歌である。鎌田の詞は、ユーモアを交えながらも世相を諷刺したオリジナルの要素をうまく取り入れている。

演歌を用いて日本の首相を批判することに対して、「日本の心」である「演歌」を逆手にとったパラドックスだと感じる人も少なくないかもしれない。この本を刊行する二〇一六年に生きる読者であれば、今年の三月二三日に超党派の国会議員が「演歌・歌謡曲を応援する国会議員の会」を発足させ、杉良太郎や瀬川瑛子といった著名な「演歌」歌手が設立総会に出席したことは記憶に新しいだろう。現在の歌い手たちにとって、「演歌」は国を挙げて保護すべき文化であり、宝なのである。

しかし、よく知られているように、演歌は自由民権運動の壮士たちが政治思想を普及するため、演説に代わって歌を吟じたことに由来するというのが通説である。また、「現在の意味での大衆的なレコード歌謡ジャンルとしての「演歌」の用法は、一九六〇年代後半に現れ、一九七〇年前後に定着し」たことを、輪島裕介が膨大な資料とともに明らかにしている。(1) 演歌はもともと政治性を帯びたものであり、現在の「演歌」を「日本の心」とする言説は、戦後に創られた神話だったのだ。

もっとも、自由民権運動を演歌の起源とすることについては、輪島は批判的な見方を示している。彼が問題とするのは、そのような通説が添田啞蟬坊とその息子、知道（さつき）

の語りにもっぱら依拠している点である。少なくとも、西沢爽が添田親子の流布した歴史観に実証的な批判を与えるまでは、啞蟬坊の『流行歌明治大正史』[2]や『啞蟬坊流生記』、知道の『流行り唄五十年』や『演歌の明治大正史』、『演歌師の生活』といった著作が、当事者による語りとして一次資料のような扱いを受けてきたことは否めない。

西沢の批判の要点は、通説のように演歌が政治的装置として機能したのではなく、商売として成り立っていたという点にあった。彼の演歌の起源に関する論考をまとめると次のようになる。添田親子が「壮士演歌」と呼ぶものは、「壮士風に扮した読売屋」が歌ったものであり、彼らは江戸の瓦版読売屋の系譜をつぐ「行商的大道芸人」である。当然「自由党の党員でも何でもなく」、自由民権運動の挫折後に「政体への反感を持つ民衆感情」を「鉱脈」として、「自由民権運動の余波に便乗した商売」をした。そもそも「演歌壮士の団体」とは警察にマークされるような存在ではなく、「単にビラ本の卸売である商売人」であり、「風来坊的港湾労務者であった啞蟬坊」が「演歌師の生活に定着したのは、一に志操よりもボロイ商売に惹かされた」からだというのである。[3]

私は輪島や西沢を反駁するような資料を持ち合わせていないし、彼らの論考には納得できる点が多い。加えて、啞蟬坊が反権力的な「志操」(＝思想)を持ち合わせたのかという問いを立てても、「一たびも煽動的な言動をしたことがなく、温厚な人として目せられた」という高野辰之による人物評[4]や、戦時中に刊行された啞蟬坊の自叙伝において、「往け　裸で往け　滅私奉公」という翼賛思想を歌った序詞が掲げられたことが思い浮かぶ。(5) たしかに、啞蟬坊に確固たる思想があったとは言いがたい。

しかし、明治・大正期のある一時期に、啞蟬坊の作詞が反権力の言説の中に組み込まれていたことは事実である。『禁止単行本目録』を確認すると、「我利我利盲者」や「わからない」、「あゝ金の世」など、啞蟬坊を代表する歌がいくつか発売禁止の憂き目にあっていることがわかる。(6) また、「喇叭節」（＝ラッパ節）を機縁に堺利彦（枯川）と知り合った彼が、一九〇七（明治四〇）年二月の社会党第二回大会で評議員に選出され、一九一四（大正三）年に下谷竜泉寺で行われた演説会において、社会主義者たちと一緒に納まった写真が残されていることもその証左と言えよう。

ただし、文学研究を専門とする私は、啞蟬坊自身の政治的節操などどうでもよいと思っている。文学研究の基本的な方法論であるテクスト論では、作品の解釈を作者の意図に還元しない。啞蟬坊その人がどのような政治的信念を持って作詞をしたかよりも、彼の詞に同時代の社会的雰囲気や文化の痕跡が織り込まれ、その歌を聞いたり読んだりした人々がどのように受け止めるかの方が重要である。そして、ここで言う聴衆や読者は、啞蟬坊という主体から放たれる生の声を聞いた民衆に限られるのではない。

その意味で、冒頭で引用した鎌田の替歌は非常に有効な視座を与えてくれる。

あゝわからないわからない。今の浮世はわからない。／文明開化といふけれど。表面《うわべ》ばかりじやわからない。／瓦斯《ぐわす》や電気は立派でも。蒸気の力は便利でも。メッキ細工か天ぷらか。見かけ倒しの夏玉子。

（中略）

あゝわからないわからない。威張る役人わからない。／なぜにいばるかわからない。只ムチヤクチヤに威張るのか。／彼等がいばれば人民が。米搗《こめつき》バツタを見る様に。／ヘイ〳〵ハイ〳〵ビヨコ〳〵と。お辞儀するのがわからない。

右の引用は、啞蟬坊の「わからない節」のオリジナルである。冒頭の鎌田の替歌と比較して明らかなように、一九〇七年に作られたこの詞のエッセンスが、権力へのアイロニーとして二十一世紀の現在にも有効に機能しているのだ。

同じようなケースは、一九二一年に神戸で起きた川崎・三菱造船所の大争議を題材とした武田芳一の小説『熱い港』（一九七九年）でも見うけられる。職工たちが工場の門前の警官と小競り合いをする中、誰かが群衆へとビラを撒き、拾った者たちがそれを読んで歌い出す場面がある。そう、そのビラに印刷された歌もまた「わからない節」の替歌なのだ。この描写に典拠があるかは不明である。だが、少なくともオリジナルの作られた明治、『熱い港』が書かれた昭和、そして冒頭の鎌田慧の平成と、啞蟬坊の作った詞は時代を越えて反権力の歌として受容されているのである。

＊

唖蟬坊の歌が、オリジナルそのものではなく、替歌として流動的に受容されていることは興味深い現象である。その理由を探る上で、詩人の岡本潤の言葉を引用したい。

演歌もフォークもともにアクチュアルで、時に応じ場所に応じて自由に歌詞を変え、痛烈でもあり、諧謔的でもある。（中略）演歌からフォークへとつたわった自由をもとめる民衆の声は、時に応じて歌詞や歌曲を変容しながら、人間回復の歌として絶えることなく再生しつづけてゆくだろう。[7]

自身が社会主義に目ざめた頃、革命歌や労働歌とともに、唖蟬坊の歌を「いつとなく聞きおぼえてよくうたった」という岡本は、演歌の本質をよく理解している。「時に応じ場所に応じて自由に歌詞を変え」るという演歌のアクチュアリティが、前掲の「わからない節」の替歌を生んだのだ。

そして、この流動的で変容性を持つ演歌の性質を体現するように、唖蟬坊自身が作詞した歌もまた、その多くが既存の旋律を借用した替歌であった。たとえば、一九〇五年に作られた「ラッパ節」の旋律は、フランスの軍楽長をしていたルルーが来日し、歌劇「カルメン」を下敷きに作った陸軍マーチの「抜刀隊」と、そこから派生した「ノルマントン号沈没の歌」を基調としていることを、戦前に堀内敬三が指摘したことは有名である。[8] さらに、「わからない節」の曲調は、小山作之助が作曲した軍歌の「日本海軍」をそのまま使っており、社会矛盾に対する民衆の不満を表象した「わからない」というフレーズについても、それより前に作られた「無茶苦茶だわからない／腐敗した、堪らない」という久田鬼石の「無茶苦茶節」に通じるものがある。

このように、唖蟬坊の歌の多くは既存の楽曲を模倣することで成り立っている。しかし、ただ模倣するのではない。彼の模倣には王道的なパロディの手法が使われている。アメリカの思想家フレドリック・ジェイムソンは、ポストモダニズムの芸術に現れたパスティシュという中立的なパロディの概念を説明するにあたり、それ以前のモダニズム期におけるパロディを、「スタイルの独自性を利用し、それらの性質や奇妙さをうまくとらえて、原作をからかうような模倣を産出」し、「癖の強いスタイルのもつ個人的な性質や、人々が日常話したり書いたりしている仕方と比べての過剰さや奇妙さを、馬鹿げたものに見せることにある」と定義している。[9] この定義を下敷きとして、「抜刀隊」と「ラッパ節」を比較してみたい。

我は官軍我敵は　天地容れざる朝敵ぞ／敵の大将たる者は　古今無双の英雄で／
之に従ふ兵《つはもの》は　共に慓悍《ひょうかん》決死の士／鬼神に恥ぬ勇あるも　天の許さぬ反逆を／起
しゝ者は昔より　栄えし例《ためし》あらざるぞ／敵の亡ぶる夫《それ》迄は　進めや進め諸共に／

玉ちる剣《つるぎ》抜き連れて　死ぬる覚悟で進むべし
（「抜刀隊」）

私しやよツぽどあわてもの、蟇口拾ふて喜んで　家へ帰つてよく見たら、馬車にひかれたひきがへる　トコトツトツト／倒れし戦友抱き起し、耳に口あて名を呼べば　ニツコリ笑ふて目に涙、万歳唱ふも胸の内　トコトツトツト
（「ラッパ節」）

第三次伊藤博文内閣で文部大臣を務めるなど、明治の知識人の一人である外山正一の作った「抜刀隊」の詞（詩）は、西南戦争で西郷隆盛軍と白兵戦を戦った政府軍の抜刀隊をモチーフとし、「決死の士」と「死ぬる覚悟で進むべし」というフレーズによってナショナリズムの高揚を煽っている。一方で、啞蟬坊の詞は、滑稽な蟇蛙の死と兵士の瀕死の状況をコラージュさせることで、命を賭すことの尊さを説く言説をユーモアとシリアスの両面から転倒させている。文明開化の余韻の残る近代化の渦中に生成された啞蟬坊の歌は、富国強兵のスローガンの下に高揚した過度なナショナリズムや、資本主義の発展とともに拡大した階級問格差など、社会問題の諸相を織り込みながら、それらの「過剰さや奇妙さを、馬鹿げたものに見せる」言葉（＝詞）を新たに生み出しているのだ。そう考えると、鉄道馬車のラッパの音を模した「トコトッとット」という囃子詞も、軍隊ラッパによって統制される規律を空疎化するアイロニーに聞こえてくる。

こうして社会問題の諸相を紡ぐことで生み出された「トコトットット」「マシタカゼー

ゼー」「マックロケノケ」といった囃子詞をともなうパロディのフレーズを、民衆はついつい口ずさみ、歌詞を替えて不満を吐露したい欲望が喚起される。そして、唖蝉坊の作ったパロディがまた新たなパロディを生み、替歌の連鎖が始まるのだ。

その象徴的な事例は、先に引用した「ラッパ節」であろう。まず、堺利彦らが「ラッパ節」の替歌を新聞で募集し、その選評結果が、「社会党ラッパ節」と題して『光』第十三号（一九〇六年五月二〇日）に掲載されたことはよく知られている。(10)

あはれ車掌と運転手、十五時間の労働に、車のきしる其たんび、我れと我が身をそいでゆく

（中略）

華族のめかけのかんざしに、ピカ〳〵光るは何ですえ、ダイヤモンドか違ひます、可愛い百姓の膏《あぶら》汗

諷刺の効いたものを恣意的に二つ引用したが、前者のように鉄道労働者の悲哀を歌ったものは、全二十五作中三作と比較的多く選ばれている。鉄道労働者の労働環境については、これらの替歌が掲載された同じ号の『光』で、「従順なる車掌運転手」と題し、「東京市内の電車が終夜運転」となり、加えて「本月（五月――引用者注）一日より七日に至る靖国神社大祭の為め、毎日早朝より深夜に至る迄乗客頗る多く車掌運転手等の多忙な

ること実に人をして気の毒の感を起こさし」、終夜運転の手当はわずか二十銭、前記の多忙期間の欠勤者は減給を倍加するなど、「彼等は平素も其劇務の為め健康を損じ、日一日と貴重なる生命を短縮しつゝある」と報じられている。この記事が「社会党ラッパ節」の歌詞と呼応することは言うまでもない。また、ほぼ同時期に、駅夫の恋愛を労働運動に接続させて描いた白柳秀湖の「駅夫日記」（『新小説』一九〇七年一二月）が発表され、鉄道労働者の心底に燻っていた不満は、一九一一年八月の東京市電気局開庁以降、何度も繰り返された「東京市電争議」として噴出した。そして、皮肉にもこうした問題は、長距離トラックや高速バスの運転手の過重労働として、現代の労働問題とも通じているのである。

「社会党ラッパ節」は、『唖蟬坊流生記』の回想によると、替唄を募集したものの内容が思わしくなく、唖蟬坊本人の作詞を入れることになったため、実際は彼の新作であったようだ（ただし、投稿者名が何種類か使い分けられているため、掲載された全てが唖蟬坊の作ではないとも考えられる）。だが、これに継続した試みが『東京社会新聞』でも実施され、第七号（一九〇八年五月一五日）から第一〇号（六月一五日）まで、お題を変えながら多くの「ラッパ節」の替歌が掲載された。「ラッパ節」の替歌の中には、永岡鶴蔵の作詞した「足尾銅山ラッパ節」のように、実際の労働運動にコミットしたものもあった[11]。

こうして、唖蟬坊の演歌は、声より放たれる音としての歌と、新聞や雑誌に刷られた文字としての詞という、聴覚と視覚の両面において民衆の不満を掬い取っていった。もちろん、演歌は街頭で歌いその歌詞を売るという形式をとった文化装置であるため、それを特筆する必要はないかもしれない。「増税節」が「トツアッセー」「マシタカゼーゼー」と歌われる時、民衆は同時に、印刷された「咄圧制」と「増税」の文字を想起する。「増税節」の歌詞は、カタカナ表記にすることで言論弾圧を回避したという解釈が一部にあるが、それは誤りであろう。『東京社会新聞』第一号（一九〇八年三月一五日）には、「当世流行増税節」と題した歌詞が掲載されており、「咄圧制」「マタ〱増税」と権力批判を明確に表明している。こうした、文字との共鳴によって、啞蟬坊の歌はパロディの喚起する内包された意味も拡散していったのである。

＊

以上述べてきたように、パロディによって生成された啞蟬坊の歌が新たな替歌を誘発し、民衆は替歌に乗せて不満を発露していく。替歌は言葉の戯れに過ぎない。しかし、その戯れには、格差や労働問題など、さまざまな社会矛盾が織り込まれているのである。啞蟬坊と生まれが約一月しか違わず、同時代を生きた岩野泡鳴は、流行歌（演歌）を落首（封建時代に政治や社会批判をした匿名の戯《ざれ》歌）の系譜を継ぐものとして捉え、その意義を次のように説明している。

流行歌は武装しない軍歌である。この別種の軍歌が火のやうに早くまた盛んに伝播するのは、民間に於て、東西相応じ、遠近相待ち、いざと言はゞ、新時代に対する新運動と新発展とに、こぞつて、味方をしようとする用意が出来てゐるのを証明してゐるのである。／僕は敢て新運動、新発展と云ふ。然しそれが無政府主義や非国家主義やトルストイ流の世界主義でないことは、僕がいつも発表して来た所論で分つてゐるだらうと思ふ。つまり、個人の覚醒である、詳しく云へば、日本国民が個人として覚醒する上に現じた国家主義である。これは、今のやうにミリタリズムを外形的にばかり解釈してゐる為政者等には分つてゐない。立憲政治になつてゐながら、今の為政者は、封建時代の目付け役と同様、落首的不平をその原因に逆登らないで追窮してゐるのである。その真の原因は無政府主義でも、非国家主義でもない——覚醒した個人の自由と権威とを本当に立憲的な国家とそれに臨まれる皇室とから保護して貰ひたい精神にある。

恣意的に抜粋できた文章をあえて長々と引用した。泡鳴の個人的思想や当時の時代背景といったフィルターを考慮しなければならないが、演歌が「個人の自由と権威とを本当に立憲的な国家」に求めているのだとすれば、現代のデモに参加する人々が発っしている歌の数々も、それに類するものと言えるだろう。現代の民衆は歌い続けている。

（わだ・たかし　三重大学教育学部国語教育講座　講師）

【注】

（1）輪島裕介『創られた「日本の心」神話　「演歌」をめぐる戦後大衆音楽史』（光文社新書、二〇一〇年一〇月）

（2）内表紙には「添田啞蟬坊」と記されているが、奥付では「添田知道」が著者となっており、「『流行歌明治大正史』のあやまち」（『書物展望』一九三四年四月号）によると、啞蟬坊の記述、談話をもととし、これに知道の蒐集調査を加えてまとめたようである。

（3）西沢爽『日本近代歌謡史　上』（桜楓社、一九九〇年一一月）

（4）高野辰之「序」（添田啞蟬坊・添田知道『流行歌明治大正史』春秋社、一九三三年一一月）

（5）添田啞蟬坊「序詞　進め新体制」（『啞蟬坊流生記』那古野書房、一九四一年三月）。この詞はもともと「新体制礼讃」と題して『陸軍画報』一九四〇年一一月号に掲載されたものであり、『読売新聞』同年一〇月二一日朝刊では、「落魄した街頭詩人」の啞蟬坊が「明日に新しい星をのぞむ巷の声をそのまゝ」掬いとって「新体制礼讃」という長詩を作って「話題を投げてゐる」と報じられている。

（6）『禁止単行本目録　明治21～昭和9年』（湖北社、一九七六年七月）の「安寧」の項目には、いずれも「添田平吉」を発行人として、「寸鉄」（一九〇六年九月二七日処分）、「我利我利盲者」「わからない」（一九〇八年八月三日処分）、「あゝ金の世」「平民あきらめ賦詩」（一九一〇年九月二五日処分）が記載されている。ちなみに、「風俗」の項目にも、添田武子を発行人とする「魔風」（一九〇七年六月二五日処分）が確認できる。

（7）岡本潤「解説1　民衆詩にみる民衆の自由――演歌からフォークへ――」（岡本潤・関根弘編『日本民衆詩集』太平出版社、一九七〇年五月）

（8）堀内敬三『ヂンダ以来《このかた》』（アオイ書房、一九三五年一月）

（9）フレドリック・ジェームソン（吉岡洋訳）「ポストモダニズムと消費社会」（ハル・フォスター

編（室井尚・吉岡洋共訳）『反美学　ポストモダンの諸相』勁草書房、一九八七年四月）

(10) 募集告知をした記事は発見できていないが、「社会党ラッパ節」が掲載される前号の『光』（一九〇六年五月五日）に、「社会党ラッパ節（一名トットコ節）　此頃流行の俚謡「ラッパ節」に合はして謡ふべく、同志数名作歌に苦心中なり、乞ふ次号の本紙を待て。」とある。なお、『光』は週刊『平民新聞』と『直言』の事実上の後継紙である。

(11)「足尾銅山ラッパ節」は日刊『平民新聞』第九号（一九〇七年一月二七日）と第十号（二九日）に分載されている。一九〇六年一〇月と翌年一月に刊行されたという歌本の第一回及び第二回は、注6に前掲の「あゝ金の世」や「平民あきらめ賦詩」と同じ一九一〇年九月三日に発禁処分となった。

(12) 岩野泡鳴「落首と流行歌（為政者の注意を促す）」（『太陽』一九一一年五月号）

【作歌年代】

1892　壇の浦（愉快節）　白虎隊（欣舞節）　西洋熱（愉快節）　ゲンコツ節　1893　チャクライ節　新法界節　新トンヤレ節　1894　突貫武士　士気の歌　ヨカチョロ武志　1895　天籟節　元気節　四季の歌　1896　二銭講退治の歌　1897　法界節　1898　改良節　1899　ストライキ節　1900　痛快節　1901　鉄面皮　後悔　癖いろいろ　四季の歌新作　1902　雪粉々　1903　ロシャコイ節　士気の歌　千鳥節　長崎節　博多節（替）　1904　軍神広瀬中佐（欣舞節）　寂滅節　露西亜兵の軍歌　1905　ラッパ節　大津絵替り　東洋平和礎　チリップ節　元禄節　1906　社会党ラッパ節　あゝ金の世　あゝわからない　あきらめ節　（寸鉄）（社会灯）　1907　四季の歌新作　当世字引歌　（魔風）　袖しぐれ　1908　我利々々亡者の歌　増税節　（社会の灯）　（平民の目さまし）　1909　金色夜叉の歌　不如帰　ゼーゼー節　（破棄余勢）　うき世　1910　思ひ草　さわりくづし　むらさき節　石童丸　百万灯の歌　1911　忠臣蔵むらさき節　義士銘々伝紫節　名劇むらさき節　知ってるね節　あゝ無情　1912　ちどり節　乃木将軍の歌　乃木中尉の歌　新有明節　ジゴマの歌　1913　改良新ドンドン節　都節　奈良丸くづし　マックロ節　東京節　1914　新おいとこ節　お花の歌　人形の家　お前とならばどこまでも　カチューシャ節　1915　現代節　ホットイテ節　新時代節　ハットセ節　青島節　新くれ節　1916　新磯節　出たらめ節　1917　さあさ事だよ　オールソング　曽根崎心中　ブラブラ節　1918　新ニコニコ節　ヨカッタネ節　ノンキ節　嗚呼踏切番　新深川節　今度生れたら（替）　豆粕ソング　イキテルソング　デモクラシー節　1919　松井須磨子の歌　泣かれの唄　墓場の唄　解放節　煙草のめのめ（替）　新やなぎ節　呪の五万円　松本訓導の歌　へんな心の唄　労働問題の歌　ダブリンベーディアボロ（替）　1920　つばめ節　涙の手記　新わからない節　新トンヤレ節　ハテナソング　ソレたのむ　滑稽磯節　新大漁節　性の鼻唄　新おけさ　伊那節　1921　新ノーエ節　調査節　きほひ節　大島節（替）　お国節　新鴨緑江節　浜田栄子の歌　磯辺の嵐　涙日記　ベアトリ姉ちゃん（替）　新安来節　あきれ節　十和田の四季　おらが女房（替）　1922　虱の旅　おばこ（替）　小野さつき訓導　春のうらみ　おめでたソング　新作鴨緑江節　ベラボーの唄　おはつ地蔵の歌　貧乏小唄　職業婦人の歌　1923　ホーホラホイ　これも商売　大正大震災の歌　地震小歌　1924　恨みの斧　あゝ関東　獄窓の涙　コノサイソング　黄金鳥　1925　金々節　銀貨の歌　1930　生活戦線異状あり

出典　『添田唖蟬坊　添田知道著作集Ⅰ　唖蟬坊流生記』所収年譜より作成。

尚、添田さつき（知道）の作の内、本書に収めた作品の作歌年代は次のとおり。
1913　東京節　1923　復興節　1924　ストトン節

進め新体制

新体制　新体制
殻を破って生れた新体制
われは汝を信じ　汝を愛す
汝新体制よ健かに育て
存分に伸びよ新体制
逞しく展べよ新体制
われは汝の生長をじっとみつめて
どこまでもついて行く
歩め堂々と歩め　進め勇敢に進め
おお堅実なる歩みよ風采よ
新人を中心とする汝の推進力
真摯なる新体制の発足だ
劃期的壮挙に敬意を表す
さらば　自由経済個人主義

みんな御苦労であった　さよならだ
進め新体制
だが　汝は唯単なる反動ではない
綜合的な真実を把握して行く
「新」体制であらねばならない
政治の無力に倦み切った国民を活かし
完全に一体となって行くのだ
生きて動く生き物一つの生命体に
なるのだ
そして
革新の痛烈な鞭を揮って踊るのだ
汝は既に一国一党をも否定した
善哉　善哉
国民全体の　意志の総力を以て

内外のあらゆる障害を粉砕し
大政翼賛の実を挙ぐるの重圧は
汝の双肩にかかってゐる
一億一心　以心伝心電波の如き
活動実践の妙技
権威ある指導こそ汝の使命である
往け　裸で往け　滅私奉公
急げ　真実の新体制
めまぐるしい世界情勢の変転
緊迫せる内外の諸問題は山積する
議論のヒマ無し議論は戯論だ
戯論は抹消神経のわざくれだ
言葉多きはシナ少し
船頭多きは船を誤る
基本の方向へ真ッ直ぐに進め
確信を以て進め
威厳あれ新体制
力あれ新体制

汝は先づ根本国策に拠るところの経済
新制度の確立に全力を致さねばならぬ
案にシゴトに身も魂も打ち込んで
一貫統制を全面的に成さねばならぬ
汝は優者なり
これを汝の手腕に俟つものは
独りわれ等のみではあるまい
もはや構想の段階ではない
実行だ
頭脳のシゴトから肚の芸当へ
そして小手先の術
下手なノロくさい手を出されると
新鮮な魚を腐らす
猛進せよ　大胆なれ
国家経済の土性骨をたたき直せ
八面六臂の大活動を要望する
迅速なれ　一日遅るれば千日の損失
否　国家千年の大計を誤る

これ正に容易ならざる現実である
不可避の問題である
躍進又躍進　万難を排して断行せよ
荊の道　何かあらむ
しかと民意に立脚して喜憂を共にせよ
力の新体制　熱の新体制
いざ進め　堂々と進め
されば斯行の為には
各人に犠牲を払はさむも
已むを得ざる事なり
各人も又既に覚悟してゐる
強く正しく指導せよ
生きた政治の範を示せ
国民に新生命を附与し躍動せしめよ
今や国を挙げて其の必然を感知し
自覚して
汝の指導を待って待ちクタびれてゐる
国民各層の覚悟は出来て

出来過ぎてゐる
公益優先の姿勢は整ってゐる
打て　鉄は熱した時が鍛へ易い
国民が革新に対し
かくまで足並を揃へて
恭順に素直に成り得たことは
何に依るか
大政翼賛の新体制よ
汝こそ　意義ある革新の合言葉だ
盤石の根を施政に下ろせ
大なる「和」の精神よ全体主義よ
万物融合の上に成り立つ新体制よ
奉公の熱誠よ　生気よ
生気は生気を産む無限の力だ
高度の総力発揮だ
堂々と前進せよ大東亜の建設に
三国同盟
緊張を新たにし

更に一段の鞭を加へて猛進せよ
世界維新の魁　有史以来の大試煉だ
創造だ　創造力総動員の新体制
いざ進め　新体制
「断じて行へば鬼神も避く」べし
小田原評議は禁物だ
「議論より実を行へ怠け武士
国の大事を他所に見る馬鹿」
と維新の志士は喝破した
認識不足のしれ者はふみにじって

尻目にかけて
いざ進め
堂々と　前進せよ新体制
千波万波　世界の波は荒い
怪しくうねり狂ふ大洋を
乗ッ切る回天の放れ業
嵐の中の転換だ
時まさに秋
幸先よし
実りの秋の新体制

啞蟬坊晩年に近い作品。演歌とは区別されますが、時代の警鐘として本書最後に収めました。刀水書房刊『添田啞蟬坊・知道著作集1啞蟬坊流生記』の説明書きを掲載します。《昭和十五年秋、近衛新体制の発足に当り、尾崎士郎の斡旋により読売新聞に発表されたもの。これを見た那古野書房が、「流生記」執筆を依頼することになるが、鬱屈した時代に新体制にことよせるかたちで、啞蟬坊が抱きつづけたユートピア世界を吐露した作と読むことができる。》

明治大正期・略年譜

1868（慶応4） 1：鳥羽・伏見の戦い（戊辰戦争～69・5）徳川慶喜追討令。王政復古を各国公使に布告。3：五箇条の誓文。五榜の掲示公布。**（明治1）** 9：明治と改元。

1869（明治2） 3：歌会始復興。11：鹿児島藩の委嘱によりフェントン、軍楽隊の天皇礼式曲として「君が代」作曲。

1870（明治3） 1：大教宣布の詔（神道国教化）

1871（明治4） 3：東京大阪間郵便制度実施。7：廃藩置県。日清修好条規。11：府知事・県令設置。

1872（明治5） 2：戸籍法施行。陸海軍両省設置。8：香具師の名称廃止。文部省発令の学制小学校規定に「唱歌」、中学校規定に「奏楽」。9：新橋横浜間鉄道開通。10：陸軍軍楽隊編成される。11：徴兵告諭。国立銀行条例公布。12：太陽暦採用（12月3日＝明治6年1月1日、1日24時間）

1873（明治6） 1：徴兵令公布。5：庶民の神楽および舞楽の伝習を許可。7：地租改正条例公布。10：明治六年の政変。

1874（明治7） 1：東京警視庁設置。民撰議院設立の建白書提出。

1875（明治8） 2：大阪会議。4：元老院、大審院設置。漸次立憲体制樹立の詔。5：樺太・千島交換条約調印。6：讒謗律、新聞紙条例公布。9：出版条例改正。江華島事件。10：軍楽隊概則を定める。**この年**、「官員節」流行。

1876（明治9） 日朝修好条規（江華条約）3：廃刀令。8：国立銀行条例改正公布。**この年**、地租改正反対一揆激化。

1877（明治10） 2：西南戦争始まる（～9：西郷隆盛敗死）8：第1回内国勧業博覧会

1878（明治11） 5：大久保利通暗殺。8：竹橋事件。12：参謀本部設置。**この年**、「オヤマカチャンリン節」流行。

1879（明治12） 3：東京府会開会。4：沖縄県設置（琉球処分）8：前アメリカ大統領グラント来日。9：教育令公布。10：文部省に音楽取調掛をおく。

1880（明治13） 3：国会期成同盟結成。4：集会条例公布。東京師範学校付属小学校、東京女子師範学校付属幼稚園でメーソンによる唱歌授業が開始（公立学校に唱歌の科目）。7：刑法、治罪法公布。10：宮内省式部寮雅楽課、君が代を作曲、海軍省傭教師エッケルト編曲（11月3日天長節で初演奏）

1881（明治14） 7：開拓使官有物払下げ事件。10：国会開設の勅諭（明治十四年の政変）。自由党（党首板垣退助）結成。11：日本鉄道会社設立。「小学唱歌集初編」文部省刊行。**この年**、「書生節」流行。

1882（明治15） 1：軍人勅諭。

2：浅草本願寺で和洋管弦楽演奏会。3：立憲帝政党（福地源一郎総裁）結成。4：立憲改進党（大隈重信総理）結成。6：集会条例改正公布。日本銀行設立。7：朝鮮に壬午事変。11：福島事件 **この年**、「読売壮士」の自由演歌出現。

1883（明治16） 2：浴場での政談演説はじまる。4：改正新聞紙条例公布。7：官報発行。11：鹿鳴館完成。

1884（明治17） 3：「小学唱歌集第三篇」刊行、「仰げば尊し」「庭の千草」収録。7：華族令公布。大日本音楽会設立。10：秩父事件。12：甲申事変。**この年**、松方財政（デフレ）による不況。

1885（明治18） 4：天津条約。5：銀兌換銀行券発行（銀本位制～1897年）10：日本郵船会社開業。小唄「江戸の四季」できる。11：大阪事件 12：内閣制度制定
この年、「ひやひや節・こりゃなんだい」流行。

1886（明治19） 1：北海道庁設置。3：帝国大学令公布。4：小学校令等公布（学校令）5：第1回条例改正会議開催。7：鹿鳴館で大日本音楽会第一回演奏会。10：ノルマントン号事件。11：東京市中音楽隊設立。**この年**、「ダイナマイトドン節」「抜刀隊の歌」「民権数え歌」流行。

1887（明治20） 2：音楽取調掛卒業演習会でベートーベン第一交響曲の一部を初演奏。10：三大事件建白書を元老院に提出。12：保安条例公布。**この年**、娘義太夫流行。

1888（明治21） 2：紀元節唱歌発表。4：枢密院設置（議長伊藤博文）5：鎮台を師団に改称。「明治唱歌」第一集出版。8：洋楽流行。　**この年**、「改良節」「法界節」流行。

1889（明治22） 2：大日本帝国憲法（明治憲法）発布。皇室典範制定。衆議院議員選挙法公布。憲法発布記念観兵式で総長外山正一の音頭で万歳三唱（万歳三唱の初め）。5：民法典論争 7：東海道線（東京神戸間）全通。12：川上音二郎「オッペケペー節」東京市中で流行。池田辰五郎ら東京音楽会組織。

1890（明治23） 4：民事訴訟法、商法公布。7：第1回衆議院議員総選挙。9：立憲自由党結成。「音楽雑誌」刊。10：刑事訴訟法公布。教育勅語。11：第1回帝国議会（第一議会）帝国ホテル完成。**この年**、日本最初の恐慌

1891（明治24）：1：内村鑑三不敬事件。2：川上音二郎、壮士劇初演。5：大津事件。7：東京音楽学校卒業式で「君が代」二回歌われ、先例となる。8：「オッペケペー節」流行。12：田中正造、議会で足尾鉱毒問題を質問。「ヤッツケロ節」流行。**この年**、書生に尺八流行。

1892（明治25） 2：第2回総選挙（松方内閣内相品川弥二郎の選挙干渉）11：北里柴三郎伝染病研究所設立。**この年**、「敵は幾万」「元寇」「ありがた節」「チャクライ節」流行。

1893（明治26） 5：海軍軍令部設置。6：東京音楽学校、国貸節減のため高等師範附属音楽学校となる。7：陸奥宗光の条約改正交渉開始。8：文部省、学校の祝日大祭日儀式に用いる歌詞・楽譜を選定、「君が代」を国歌に選定。

1894（明治27） 1：大阪天満紡績でストライキ。3：朝鮮で甲午農民戦争（東学の乱）。6：高等学校令公布。7：日英通商航海条約。8：日清戦争宣戦布告。北里柴三郎ペスト菌発見。**この年**、戦争にちなんだ軍歌が流行。

1895（明治28） 4：下関条約。三国干渉。9：住友銀行設立。救世軍日本支部設立。10：閔妃暗殺。**この年**、軍歌調の流行歌はやる。

1896（明治29） 3：台湾総督府条例公布。酒造税法、葉煙草専売法等公布。綿花輸入税廃止。6：三陸大津波。4：民法（第1～3編）公布。6：朝鮮に関する日露協定。7：日清通商航海条約。**この年**、「いばりやんす節」「有明節」流行。

1897（明治30） 3：貨幣法公布（金本位体制）。7：高野房太郎ら労働組合期成会結成。8：日本勧業銀行開業。東京長唄組合結成。10：台湾総督府管制公布。

1898（明治31） 富岡製糸所でストライキ。6：衆議院解散。憲政党結成。保安条例廃止。隈板内閣成立。第6回総選挙。8：尾崎文相の共和演説事件。10：幸徳秋水ら社会主義研究会結成。岡倉天心ら日本美術院設立。11：第2次山県内閣成立。12：地租増徴案可決。高村光雲作「西郷隆盛像」上野公園に完成。**この年**、豊国節流行。明治音楽会結成（上原六四郎会長）。

1899（明治32） 2：高等女学校令公布。3：商法改正公布。文官任用令改正公布。北海道旧土人保護法公布。6：農会法公布。7：日英通商航海条約等の改正条約発効。国際紛争平和的処理条約（第1回ハーグ万国平和会議）11：活版工組合結成。

1900（明治33） 1：社会主義協会結成。日本楽器（株）ヤマハピアノ製造開始。3：治安警察法公布。改正衆議院議員選挙法公布。5：軍部大臣現役武官制の確立。「地理教育鉄道唱歌」第一集刊。6：義和団事件に対して陸軍派遣を決定（北清事変）。「幼年唱歌」刊（桃太郎、金太郎、浦島太郎、兎と亀など収録）9：伊藤博文、立憲政友会結成。**この年**、「ストライキ節」「東雲節」「鉄道唱歌」「楠公の歌」流行。

1901（明治34） 2：八幡製鉄所操業開始。奥村五百子ら愛国婦人会結成。3：貴族院で増税案可決。東京音楽学校が「中学唱歌」編集発行。5：片山潜、幸徳秋水ら社会民主党結成、直後禁止。7：「幼稚園唱歌」発行（鳩ポッポ、雀、お正月など収録）9：北京議定書。11：「音楽之友」創刊。12：訪露中の伊藤博文、露外相に日露協定案提出。田中正造が足尾鉱毒事件で天皇に直訴（未遂）。日本赤十字条例公布。**この年**、「箱根八里」「荒城の月」「美しき天然」「ストライキ節」流行。

1902（明治35） 1：八甲田山事件。第1次日英同盟協約。2：衆議院に普通選挙法案提出。一高寮歌「嗚呼玉杯」発表。4：衆議院議員選挙法改正公布（市部選出議員数増加）。12：教科書疑獄事件の検挙開始。**この年**、「魔風恋風」「ふるさとの歌」など流行。

1903（明治36） 4：国定教科書制度。5：衆議院、海軍拡張案通過（六・六艦隊）。6：東京帝国大学七博士ら対露強硬論発表。8：対露同志会結成。政府、日露協商条約を露政府に提示。10：小村・ローゼン間で日露交渉開始。「万朝報」主戦論に転じ、幸徳秋水、堺利彦、内村鑑三ら退社。11：幸徳、堺ら平民社結成。12：私立女子音楽学校設立。

1904（明治37） 2：日露戦争始まる。3：平民新聞「与露国社会党書」掲載。8：黄海開戦。第1次日韓協約。9：遼陽占領。徴兵令改正公布。与謝野晶子「君死にたまふこと勿れ」11：旅順総攻撃。平民新聞「共産党宣言」訳載、発禁。社会主義協会結成禁止。**この年**、軍歌「日本陸軍」「天にかわりて」流行。

1905（明治38） 1：旅順開城。3：奉天会議。5：日本海海戦（無線電話活用）。7：日本軍、樺太上陸。桂・タフト協定。8：第2次日英同盟協約。日比谷音楽堂開堂。9：ポーツマス条約。日比谷焼打ち事件、戒厳令施行。10：平民社解散。11：第2次日韓協約（日本が外交権掌握）。**この年**、東北地方、凶作で飢饉。軍歌「戦友」「ラッパ節」流行。

1906（明治39） 1：堺利彦ら日本社会党結成。2：統監府開庁。3：米英、満州の門戸開放を日本に要求。鉄道国有法公布。島崎藤村『破戒』刊行。4：夏目漱石『坊ちゃん』刊行。6：露より樺太の北緯50度以南を受領。8：関東都督府官制公布（関東州を統治）。9：旅順鎮守府条例公布。11：南満州鉄道株式会社（満鉄）設立。**この年**、演歌がバイオリンの伴奏で歌われる。

1907（明治40） 1：福田英子「世界婦人」創刊。2：第2回日本社会党大会、議会政策派と直接行動派が対立し結社禁止。足尾銅山暴動。3：樺太庁官制公布。小学校令改正公布（義務教育6年）。4：幌内炭鉱争議。5：私立東洋音楽学校設立。6：日仏協約。別子銅山暴動で軍隊出動。7：ハーグ密使事件。第3次日韓協約（内政権掌握、韓国軍隊解散）。韓国民衆、義兵運動で抵抗。第1次日露協約。10：第1回文部省美術展覧会。11：日本製鋼所設立。**この年**、浪花節の人気が急上昇。宮内省雅楽部が楽部に改称。

1908（明治41） 1：外務省ハワイ移民を停止。「婦人の友」創刊。3：酒、石油、砂糖等の増税法公布。4：露と樺太境界画定書。第1回ブラジル移民出発。5：日米仲裁裁判条約。第10回総選挙、立憲政友会圧勝。東京音楽学校の「オルフォイス」上演企画を文部省が中止命令。6：赤旗事件。

7：池田菊苗、味の素創製。8：東洋拓殖会社設立。10：戊申詔書発布。11：日米協約（高平・ルート協定）。

1909（明治42） 4：種痘法公布。5：内相に発売禁止権を与える新聞紙法公布。7：閣議で韓国併合の方針確定。内務省、第1回地方改良事業講習会を開催。10：伊藤博文、ハルビン射殺。三井合名会社設立。12：米国務長官、満州鉄道中立化案提議。**この年、**生糸の輸出量が世界第1位になる。「ハイカラ節」「金色夜叉の歌」流行。

1910（明治43） 1：日露両国が米国の満州鉄道中立案を拒否。3：立憲国民党結成。5：大逆事件の検挙始まる。7：第2次日露協約（満州を両国特別利益地域に分割）。8：韓国併合条約。10：朝鮮総督府開庁。11：帝国在郷軍人会結成。白瀬中尉ら南極探検出発。12：堺利彦ら売文社設立。石川啄木『一握の砂』刊行。**この年、**岩崎小弥太、東京フィルハーモニー会組織。

1911（明治44） 1：幸徳秋水ら12名死刑執行。2：日米通商航海条約改正（関税自主権回復）。貧民済生に関する勅語。3：普通選挙法案、衆議院通過、貴族院否決。工場法公布。6：平塚らいてうら青鞜社結成。7：第3次日英同盟協約。8：警視庁、特別高等課（特高）設置。11：東京市に職業紹介所設置。12：東京市電ストライキ。**この年、**辛亥革命。／「デカンショ節」「ドンドン節」流行。蓄音機、レコードがしだいに普及。

1912（明治45） 3：美濃部達吉『憲法講話』。上杉慎吉、天皇機関説を批判し論争。6：新橋下関間特別急行列車運転開始。7：第3次日露協約。第5回オリンピック（ストックホルム）日本初参加。明治天皇没。**（大正1）** 大正と改元。8：自粛ムード続き、装飾屋、楽隊、日本囃子、蓄音機商など営業不振。鈴木文治ら友愛会結成。9：乃木希典夫妻殉死。10：大杉栄ら「近代思想」創刊。11：2個師団増設案閣議で否決。12：陸相上原勇作が帷幄上奏。西園寺公望内閣総辞職。第一次護憲運動。**この年、**孫文、中華民国成立／レコード会社設立あいつぐ。

1913（大正2） 2：桂内閣総辞職（大正政変）。6：軍部大臣現役武官制改正公布。7：京都帝大沢柳事件。8：文官任用令改正公布。10：中華民国承認。12：立憲同志会結成。樺太工業会社設立。**この年、**「奈良丸くずし」「ドンドン節」「赤いサラファン」流行。

1914（大正3） 1：ジーメンス事件。桜島爆発。2：日比谷の内閣弾劾国民大会騒擾化、軍隊出動。3：山本権兵衛内閣総辞職。東京上野で大正博覧会。トルストイ原作、島村抱月脚色「復活」初演（劇中歌、相馬御風作詞・中山晋平作曲「カチューシャの唄」）。6：サライェヴォ事件。7：第一次世界大戦。8：ドイツに宣戦布告。10：ドイツ領南洋諸島占領。11：青島占領。12：辰野金吾設計の東京駅完成。**この年、**ニッポノホンレコードが神長瞭月「流行歌・松の声」発売（「流行歌」使用始め）／「まっくろけ節」「カチューシャの唄」「青島節」「一かけ節」流行。／大正琴流行。／「文部省唱歌」完成。

1915（大正4） 1：中国に二十一ヵ条の要求提出（5：最後通牒発令。中国（袁世凱）承認。3：猪苗代水力発電所完成、長距離送電成功。6：2個師団増設案が議会通過。11：長唄「大正の栄」（大正天皇即位の大礼記念）**この年、**「大正幼年唱歌」刊。

1916（大正5） 1：大隈重信首相暗殺未遂事件。吉野作造「民本主義」提唱（中央公論）。7：第4次日露協約。8：西尾末広ら大阪で職工組合期成同志会結成。9：工場法施行。10：憲政会結成（加藤高明総裁）。

1917（大正6） 1：西原借款開始。3：室蘭日本製鋼所で賃上げスト。理化学研究所設立。6：三菱長崎造船所スト。本多光太郎、KS磁石鋼発明。9：金輸出禁止。10：東京歌劇座「カフェーの夜」劇中歌「コロッケの歌」流行。11：石井・ランシング協定。25個師団、八・八艦隊案発表。**この年、**「さすらひの唄」「酒場の唄」「安来節」「バラの唄」「七里ヶ浜」「面白節」など流行。**この年、**浅草オペラ開始。

1918（大正7） 3：市町村義務教育費国庫負担法公布。4：丹那トンネル起工。8：シベリア出兵宣言。富山県に米騒動（1道3府38県で発生）。9：原敬内閣成立。12：大学令、改正高等学校令公布。東大新人会結成。吉野作造ら黎明会結成。**この年、**「ノンキ節」「コロッケの唄」「鴨緑江節」「宵待草」「浜辺の唄」流行。

1919（大正8） 2：普選期成大会開催、普選運動各地に拡大。3：（朝鮮の対日独立運動）三・一独立運動を弾圧。4：関東庁官制・関東軍司令部条例公布（軍民分離）。5：選挙法改正公布。6：ヴェルサイユ条約、ILO加盟。8：北一輝ら猶存社結成。友愛会が大日本労働総同盟友愛会と改称（21年　日本労働総同盟に改称）。9：帝国美術院設立。**この年、**「パイノパイ節」「平和節」「デモクラシー節」「新深川節」「東京節」流行。

1920（大正9） 1：国際連盟に加入（常任理事国となる。新渡戸稲造が事務局次長就任）。森戸事件。2：東京で普選大示威行進（7万5千万人）。八幡製鉄所争議。3：平塚らいてう、市川房枝ら新婦人協会結成。5：日本最初のメーデー。9：尼港（ニコライエフスク）事件。7：海軍拡張案可決。9：尼港占領。10：第1回国勢調査。12：山川均、堺利彦ら日本社会主義同盟結成。**この年、**「ゴンドラの唄」流行。

1921（大正10） 3：皇太子裕仁親王、ヨーロッパ外遊へ。7：神戸三菱、川崎の造船所でスト。9：ワシントン会議全権に加藤友三郎らを任命。10：11：原首相、東京駅頭で刺殺。内閣総辞職。ワシントン会議開催。高橋是清内閣成立。裕仁親王が摂政就任。12：

日米英仏四ヵ国条約（日英同盟協約廃棄）。**この年**、「赤とんぼ」「赤い靴」「青い目の人形」「てるてる坊主」「船頭小唄」流行。

1922（大正11） 2：山東懸案解決条約、ワシントン海軍軍縮条約、九ヵ国条約。3：全国水平社創立大会（京都）。4：南洋庁設置。治安警察法改正公布。日本農民組合結成（神戸）。7：日本共産党結成。帝国ホテル完成。10：シベリア撤兵官完了。11：アインシュタイン来日。

1923（大正12） 9：関東大震災。第2次山本内閣成立。亀戸事件。甘粕事件（大杉栄、伊藤野枝ら殺害）。京浜地区に戒厳令。震災手形損失補償令公布。10：「帝都復興の歌」小学校などで児童に歌われる。12：虎の門事件。山本内閣総辞職。**この年**、「煙草のめのめ」「復興節」流行。

1924（大正13） 1：第二次護憲運動。立憲政友会分裂、政友本党結成。6：護憲三派内閣（加藤高明）。築地小劇場開場。12：婦人参政権獲得期成同盟結成。**この年**、アメリカジャズを紙恭輔ら移入、流行。／「籠の鳥」「ストトン節」「月は無情」流行。

1925（大正14） 1：日ソ基本条約（国交回復）。3：東京放送局がラジオ放送を開始。4：治安維持法公布。中学、師範、高専に軍事教練を実施。総同盟が分裂。5：普通選挙法公布。日本労働組合評議会結成。7：ラジオ本放送開始。細井和喜蔵『女工哀史』刊行。9：東京六大学野球開始。11：読売新聞、ラジオ版創設。12：農民労働党結成（即日禁止）。**この年**、ラジオ普及。東京の聴取契約者13万1373件。受信機、鉱石式10円、真空管式120円。

1926（大正15） 1：加藤首相没。共同印刷大争議。3：労働農民党結成。4：労働争議調停法公布。6：東京音楽学院設立認可。12：改造社「現代日本文学全集」刊行。円本時代。大正天皇没。摂政裕仁親王が践祚、**（昭和1）**昭和と改元。

1927（昭和2） 3：金融恐慌。4：徴兵令改め兵役法公布。台湾銀行救済緊急勅令案が枢密院否決、若槻内閣総辞職。各地で銀行取り付け騒ぎ。緊急勅令で3週間のモラトリアム（支払猶予令）施行。5：第一次山東出兵。日比谷音楽堂でベートーベン百年祭、聴衆一万人。6：立憲民政党結成。東方会議。芥川龍之介自殺。12：上野浅草間に初の地下鉄開通。**この年**、日本ビクターのレコード「波浮の港」（野口雨情）発売、大ヒット。

1928（昭和3） 2：第1回普通選挙。「赤旗」創刊。3：三・一五事件（共産党員大検挙）。ナップ結成。4：第二次山東出兵。5：済南事件。6：張作霖爆殺事件。治安維持法改正公布。7：未設置の全県警察部に特別高等課（特別高等警察）設置。8：不戦条約（パリ）。9：若山牧水没。

＊『新詳日本史』（浜島書店、2006年）、『東京百年史別巻』（東京都、1979年）より作成。

付記

添田唖蝉坊の息子、添田知道氏が亡くなったのは一九八〇年（昭和五五）三月十八日でした。その後、野沢あぐむ氏による『月刊歌謡曲史研究』臨時増刊「追悼号　添田知道　演歌の世界」（一九八〇年一〇月、第二部一九八一年五月、第三部未確認）が発行されています。添田知道の業績を知る一助になればと考え、紙面の様子を紹介します。

◆**野沢あぐむ個人編集『月刊歌謡曲史研究』臨時増刊紙面抜粋**

※紙面タテ約40センチ、ヨコ約27・5センチ

「追悼号　添田知道　演歌の世界」（一九八〇年一〇月）

1面

・見出「〈人間〉の復権を説き、歌を遺した勁潔な生涯」
・写真　知道の執筆する様子（長尾荘一郎提供写真）
・「さつき語録」著作からの抜粋
・絶筆記事「看護婦ぞ慈母観音」（個人誌『素麺』75号（一九八〇年三月三日発行）転載

2面

・寄稿「偉大なる変人　添田さつき—テキヤを憎みながら自らテキヤを任ずる」（作曲家

佐伯としを）

・写真脚注「浅草の会　浅草・木馬館で。右は長尾吟月氏（昭和二十八年十一月十八日）」

——3面

・寄稿「添田知道を偲ぶ」安成元三郎「偉れた知性と人間性に学べ—強い〈意志力〉に敬意」、長尾荘一郎「「日本春歌考」から「春歌拾遺考」へ—最後まで民衆と共に」

——4面〜5面

・追悼コメント「アンケート特集　わが心の添田知道」（桜井由利夫、山口俊郎、丘灯至夫、永六輔、横井弘、野口験、平賀明、樫山脩司、長田暁二、村田定昌、鈴木義昭、尾竹俊亮、永井英夫、佐藤元洋、大木健、高月ことば）

——6面

・寄稿「添田知道・永遠の旅立ち—先生、未完の「教育者」をどうしたらよいのですか」（加賀誠一）

・写真3点「5月2日「添田知道を偲ぶ会」が開かれた浅草寺本坊・傳法院」ほか。

——7面

・（6面記事の続き）写真2点　春歩堂版「教育者」書影。浅草寺境内・弁天山

添田知道
月刊 歌謡曲史研究
1980 10
追悼号
臨時増刊
演歌の世界
〈人間〉の復権を説き、歌を遺した勁潔な生涯

『月刊歌謡曲史研究』臨時増刊「追悼号　添田知道　演歌の世界」（1980年10月）1面

の唖蟬坊碑。

8面

・（7面記事の続き）
・添田知道のレコード『歌と音でつづる　明治』紹介記事と同作が日本レコード大賞企画賞受賞を伝える新聞記事。

9面

・「さつき・添田知道略年譜」（作成　入方宏）

10面

・「添田知道の本」『日本春歌考』書評記事「性から人間解放へ　著者の演歌生活を通して」（加太こうじ）、「オレンジカラー　偽善偽装の形式美撃つ」

11面

・「添田知道の本」『演歌の明治大正史』書評記事「演歌へ恰好の入門書―歌の批評のあり方示す」、『演歌師の生活』書評記事「歌から歴史の再吟味―豊富な演歌体験を駆使し」、『ノンキ節ものがたり』書評記事「行間に著者の心意気　―大正と昭和の作品を対比」

12面

・「添田唖蟬坊　添田知道の本」『唖蟬坊流生記』書評記事「明治のメロディ」（安成二郎）
※「昭和十八年、東京大森馬込の宅で唖蟬坊（本書から）」晩年の唖蟬坊の写真。『流行歌・明治大正史』自著紹介「愚な本に精一杯の努力」、『てきや（香具師）の生活』自著紹介「博

徒と同一視されるか」、『冬扇簿』自著紹介「〈戦後〉に出直しの基点」、『利根川随歩』自著紹介「常磐線に田舎の風残る」、『春歌拾遺考』自著紹介「文献の鵜呑みは危ない」、『東京の味Ⅰ』編者より「味も歴史の投影がある」

13面

・（16面記事のつづき）見出「歌の方法論確立へ」「父子二代で心血注ぐ」「文字と歌で演歌を再現」 写真2点脚注「明治37年の添田唖蝉坊」「72年11月、野沢宛のハガキ」

14面

・（13面記事のつづき）見出「肉体発声から出立 自らの五感を信じ」 写真脚注「故添田キクさん（添田キク形見草「町のおばさん」から）」

15面

・（14面記事のつづき）見出「添田への手向けから精神受け継ぐ闘いへ」

・「刀水書房 唖蝉坊・知道著作集 第一期五冊」予告（編集委員 荒瀬豊 尾崎秀樹 小沢昭一 安田武）

・編集後記

16面

刀水書房刊『添田唖蝉坊・知道著作集』Ⅰ～Ⅴ。
装幀・田村義也。

・寄稿「添田知道　演歌の世界―流行歌史の空白を埋め〈演歌〉を現代に繋ぐ　演歌の明治大正史を中心にして」（野沢あぐむ）　写真1点脚注「「ノンキ節」を歌う添田知道。右は演歌師小松さん、左は放送作家野口験氏（野沢あぐむ出版記念会で＝73・6）」

◆野沢あぐむ個人編集『月刊歌謡曲史研究』臨時増刊

※紙面タテ約40センチ、ヨコ27・5センチ

「追悼号　添田知道　演歌の世界　第2部」（一九八一年五月）

――17面（1面）　※第1部から継続した紙面数を表記している。

・見出「おたまじゃくしは歌ではない　揶揄、洒脱な台詞で核心衝く」

・写真（『演歌』第一号　青年親交会機関雑誌）記事採録「読売は立派な職業　人が生きるのを妨げられるのか　青年親交会機関誌創刊号」（《近来わが読売業者が官憲その他の誤解をうけ、迫害を蒙るの甚だしきに及んだのは我々の遺憾とするところで。元来読売業者なるものは、多年当業で生活して来た純読売業者、苦学生及び兼業即ち一定の職があっても、収入不足で生計をさゝへかねるもの等で、みな生活のためである。食ふためである。即ち立派な職業である。それを僅かな口実の下に圧するのは、誤まった法ではあるまいか。反って保護を受けるのが至当ではあるまいか。／我々は相当自治策を講じてゐる。その第一の方法が、この演歌組合青年親交会の組織である。以上の理由で、職業として認められたいため、去月警視総監に陳情書を提出した。一部の無責任なる輩と同一視されるのは迷惑である。人間が食ふこと、いや生きることを妨げられてい丶ものだろうか。我々は尚、社会に之を認めて貰はなければならない、本誌を会員相互の機関であると同時に、社会との連絡機関にいたい、といふ目的で発刊しました。こんな小さなものですが、をいくに、といふつもりでやって行きます。／わが青年親交会のゆくところを見ていただきたい　さつき生》

・写真　添田知道近影（1970年）

18面（2面）

・インタビュー記事「添田知道氏インタビュー　源流を探る　ストトン節の世界　聞き手　作詩家　星野哲郎氏（日本作詩家協会が主催、1973年3月27日上野精養軒で）」見出「元はバレ歌　姫路の遊廓で　流行り出す」

19面（3面）

・（18面記事のつづき）見出「震災後、焼跡から演歌復興　熱狂的な歓迎」「大正年代に吹込み」
写真『「演歌」改題　民衆娯楽　九月号』書影脚注「大正8年（1919年）、演歌への認識改善と演歌者の技能向上をめざし、唖蟬坊が発行していた雑誌『演歌』は『民衆娯楽』と改題、さつきも同人に加わった。」

20面（4面）

・（19面記事のつづき）見出「60円で一か月生活」「親父が稿料を着服」「春歌考は歌の原料」

21面（5面）

・（20面記事のつづき）見出「編集者と喧嘩続き」「苦労重ねた春歌考」「春歌は春画に倣う」

・第1部広告

・寄稿「ストトン節」（星野哲郎）　22面（6面）

・（22面記事のつづき）
「付記　演歌と演歌師について」
・ストトン節歌詞（『流行歌明治大正史』から）　23面（7面）

・インタビュー記事「添田知道氏インタビュー　源流を探る　演歌の系譜　聞き手・作詩家　星野哲郎氏　松井由利夫氏　二条冬詩夫氏（1973年6月19日）見出「譜面では歌は再現できない」　24面（8面）

・（24面記事のつづき）見出「演歌師の交流　歌の普及媒介」　写真（脚注なし。「訂正雑歌集」の一部か。「書生ぶし」「同二」の見出と歌詞文面）　25面（9面）

・（25面記事のつづき）見出「いまなお生きる　ノンキ節の音脈」　写真「月は無情」楽譜と歌詞。　26面（10面）

・（26面記事のつづき）見出「ひきガエル見て　ラッパ節浮かぶ」　27面（11面）

28面（12面）

・（27面記事のつづき）

・紹介記事「未来への道標　小説『教育者』の世界　人生の師・添田知道の愛弟子が綴る手作りのガイドブック　加賀誠一編」

29面（13面）

・（32面記事のつづき）見出「街頭で自ら反応を摑む」　写真2点「啞蟬坊作品群」「『生活戦線異状あり』の歌本」

30面（14面）

・（29面記事のつづき）見出「レコードが演歌潰す」「映画小唄も拍車かける」写真2点「浅草寺境内、弁天山にある啞蟬坊碑に彫られた肖像。鈴木朱雀画」「啞蟬坊作の「お国節」１９１１（大正10）年の作品」

31面（15面）

・（30面記事のつづき）見出「親じゃないかと居候　啞蟬坊」

・編集後記、第3部予告

・『艶歌千里を走る』予告

32面（16面）

・インタビュー記事「啞蟬坊生誕百年を迎えて　添田知道氏に聞く　聞き手　野沢あぐむ」（１９７2年5月2日、銀座「ハマ」にて）※『歌謡曲史研究』第4号再録。見出「リズムで人に訴える　堺と出会い非戦論へ」

・写真2点 『歌謡曲史研究』第4号第1面の紙面、『唖蟬坊は生きている』レコードジャケット

＊

この追悼号は、評論家・松尾邦之助のご遺族で渡部泰夫さんがお持ちでした。

松尾は大正年代から昭和に入り第二次世界大戦にかけてフランス、ドイツ、トルコ、スペインで読売新聞記者として活躍。敗戦後に日本へ帰国（自身は「敵前上陸」と回想）した松尾が主宰した「個の会」を通じて交流を持った中に添田知道がいました。松尾の著書で添田知道のことを「莫逆の友人」（『風来の記』）と書いています。

「個の会」に参加していた吉田幸一さんにうかがったところ、生前の知道さんが「もし壮士演歌を歌わせるなら…」と当時活躍していた歌手の名をあげたそうです。それは「出発《たびだち》の歌　失われた時を求めて」で知られる上條恒彦さん。「演歌師」のイメージが広がります。

浅草弁天山・添田唖蟬坊碑と添田知道筆塚

結び

昨年、社会で何度も聞こえた歌はデモのラップだったように思います。添田唖蟬坊の演歌にラップの「明るく、ポップスのようなビート」を指摘した本がありました（みつとみ俊郎『メロディ日本人論　演歌からクラシックまで』新潮選書）。もし今、唖蟬坊氏が時代にあわせた歌詞で新作を作ったらどんな歌になるのでしょうか。

時代背景が色濃く出た唖蟬坊演歌。それを解読しながら社会に横たわる諸問題を浮き彫りにした添田知道『演歌の明治大正史』（一九六三年、岩波新書。のち著作集に収録、一九八二年）が刊行された当時ですら、時代背景の説明に著者は苦心された旨を書いています。

それでも唖蟬坊演歌は時代をこえて誰かが歌っていくように思います。歌詞を通読していて歌詞が替わっても底辺のニュアンスは替わりそうにありません。そう思います。無敵の社会批判節です。

寄稿者の中村敦様、白鳥博康様、吉﨑雅規様、厚香苗様、和田崇様には突然の執筆依頼にご対応いただきましたことに心から御礼を申し上げます。添田二代の演歌文化を現代から体感するヒントをご教示いただきました。

社会に向けて明るく皮肉ってやりましょう。レッツ演歌！

二〇一六年七月二十日

編集制作担当・板垣誠一郎

縁日やお祭りが書き入れの商売でも信仰がある者は少ない。
この社会からの名士等も余りない様だが、見ん衆（活動も芝居も見ん衆）のための娯楽であるとして、古今東西を引照して虹の様な気焔を吐き、その道からは先生と呼ばるる添田唖蟬坊氏は名士としてでなくとも、ここに敬意を表する値があると思う。

権田保之助『大道芸人』1923年（『近代民衆の記録4　流民』林英夫編
新人物往来社、1971年所収）より

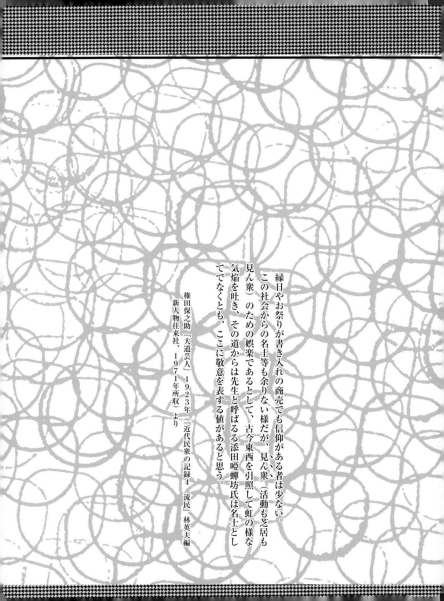

演歌《えんか》の明治《めいじ》ン大正《たいしょう》テキヤ
フレーズ名人・添田《そえだ》唖蟬坊《あぜんぼう》作品と社会

2016年8月10日初版第1刷発行

編　／社会評論社編集部
詞　／添田唖蟬坊
寄　稿／中村敦
白鳥博康
吉崎雅規
厚香苗
和田崇　（掲載順）

発行者／松田健二
発行所／株式会社　社会評論社
〒113-0033　東京都文京区本郷2-3-10　お茶の水ビル
電話　03（3814）3861　FAX　03（3818）2808
印刷製本／倉敷印刷株式会社

ISBN978-4-7845-1917-0 C0030